东方
文化符号

江南贡院

冯家红　编著

江苏凤凰美术出版社

图书在版编目（CIP）数据

江南贡院 / 冯家红编著. -- 南京：江苏凤凰美术出版社，2024.1
（东方文化符号）
ISBN 978-7-5741-1253-7

Ⅰ.①江… Ⅱ.①冯… Ⅲ.①科举考试–介绍–南京②科举制度–介绍–中国 Ⅳ.①D691.46②D691.3

中国国家版本馆CIP数据核字（2023）第164418号

责 任 编 辑　郁周凌平
设 计 指 导　曲闵民
责 任 校 对　舒金佳
责 任 监 印　张宇华
责任设计编辑　赵　秘

丛 书 名	东方文化符号
书　　名	江南贡院
编　　著	冯家红
出版发行	江苏凤凰美术出版社（南京市湖南路1号　邮编：210009）
制　　版	南京新华丰制版有限公司
印　　刷	盐城志坤印刷有限公司
开　　本	889mm×1194mm　1/32
印　　张	3.5
版　　次	2024年1月第1版　2024年1月第1次印刷
标准书号	ISBN 978-7-5741-1253-7
定　　价	88.00元

营销部电话　025-68155675　营销部地址　南京市湖南路1号
江苏凤凰美术出版社图书凡印装错误可向承印厂调换

目录

前　言 …………………………………………… 1

第一章　科举制度概述 ………………………… 3
　一、隋朝：科举制度的创立 ………………… 3
　二、唐朝：科举制度的完善 ………………… 5
　三、宋朝：科举制度的发展 ………………… 6
　四、元朝：科举制度的中落 ………………… 8
　五、明朝：科举制度的鼎盛 ………………… 8
　六、清朝：科举制度的废止 ………………… 10
　七、武科考试制度 …………………………… 14

第二章　江南贡院与乡试 ……………………… 19
　第一节　秀才之路 …………………………… 20
　第二节　入学 ………………………………… 25
　第三节　乡试 ………………………………… 25

第三章　江南贡院走出的科举名人 …………… 56
　第一节　名人考官（袁枚、李鸿章）……… 56

第二节 名人考生（吴承恩、吴敬梓）……………… 62

第四章 江南乡试科场案例……………………… 69
  第一节 洪武丁丑南京会试科场案……………… 70
  第二节 顺治丁酉江南乡试科场案……………… 75
  第三节 康熙辛卯江南乡试科场案……………… 79

第五章 江南贡院沧桑…………………………… 85
  第一节 古时的江南贡院建筑…………………… 85
  第二节 沉睡的江南贡院………………………… 92
  第三节 南京中国科举博物馆的建设…………… 95

结 语……………………………………………… 100

附 录：科举名词释义…………………………… 102

后 记……………………………………………… 105

前 言

科举作为我国古代选拔官员的制度，自隋代创立至清光绪三十一年（1905）被废止，共延续了1300年之久。由科举先后选拔出800多名状元，10多万名进士，100万以上的举人。其中不乏包拯、海瑞般的清官，文天祥、林则徐一样的英雄人物，也包括一大批政治家、思想家、文学家、艺术家以及管理人才。更多的是大批名落孙山的士子，他们一生郁郁寡欢，从年轻考到年老，直到白发苍苍。尽管科举制度的弊端明显，但是作为相对公平的人才选拔制度，仍被日本、韩国、越南等东南亚国家仿效。至1853年，还被英国所借鉴形成西方文官制度，此后又影响法国、美国及整个西方世界。

科举考试被废除后，几乎所有相关建筑都遭到拆毁。我们现在很难看到原始的科举考场，更难了解科考的全貌。

真实的科举是什么样的？古代读书人在科考之路上历经了哪些艰辛和酸楚？那些轰动朝野的科考大案是怎么回

事？朝廷与考官又是怎样来保障科举考试公平公正的？

《江南贡院》是以中国古代最大科举考场——江南贡院的前世今生为基础，以千年科举为脉络，以文物和历史遗存的图片配以相关说明，为读者开启一段尘封的科举记忆。希望通过本书的出版能使更多的人了解科举制度，以及它作为一种选才制度对中西方文明的影响。

南京中国科举博物馆一景

第一章 科举制度概述

"科举"一词源于"分科举人",也就是"分科目选举人才",是封建社会最重要的制度。科举制度从社会中选取精英,保证了精英来源的开放性和竞争性,维持了社会、文化秩序的稳定。而科举制度又可分为文科举和武科举。接下来,我们先了解下科举制度的发展历程。

一、隋朝:科举制度的创立

魏晋以来,世代为官的名门望族把持朝政,同时也掌控着官员人才的选拔。为加强皇权,隋文帝在开皇年间以"分科目选举人才"取代了魏晋以来的"九品官人法"制度[1]。隋炀帝于大业元年(605)创立以诗赋和策论为主的科目——进士科,标志着科举时代的开始。科举的出现是官员选拔制度追求公平的结果,也是我国古代政治文明的一大进步。

隋炀帝杨广像

隋代辟雍砚（砚为古代读书人必备之器。辟雍原指风水宝地，后作为国家最高学府的代称。此砚仿辟雍之形，为隋代科举初创时的物证）

二、唐朝：科举制度的完善

唐代是科举制的奠基期。唐高祖沿用隋制，以科举选士。唐太宗也通过不断改革和完善科举制度，将其作为选拔文官的重要手段。

唐代科举的科目有常科和制科之分。常科是指按照制度常规举行的考试科目，主要有秀才、明经、进士、明法、明书、明算六科[2]，其中明经科最为容易，进士科最难，有"三十老明经，五十少进士"之说。制科是皇帝为选拔特殊人才而临时设立，考试科目和时间都不固定，且一般由皇帝亲自考核，合格者授官，待遇往往比常科优厚。

唐太宗李世民像

天宝年间起，唐代进士科允许考生将平时所作诗文卷轴向礼部交纳，这一做法让主考官可以事先全面了解考生。此外，主考官还接受达官贵人的推荐，事先确定录取名单。考生为获得推荐，将自己的文学创作择优编成文卷，投献给达官贵人。

《唐摭言》（记录唐代科举制度、掌故及相关活动的书籍）

唐代的科举考试取士少，且不会"糊名"（将考生的个人信息封闭起来），考官也没有回避制度。考官的朱笔经常被官场与上层社会的舆论所左右，采用的是推荐与选拔相结合的方法。因此，这种做法容易滋生豪门操纵科举、弄虚作假之弊端，至宋代即宣布禁止。

三、宋朝：科举制度的发展

宋太祖赵匡胤登基之后加强了对科举的制度建设，北宋开宝六年（973），宋太祖开了殿廷复试的先例，由此殿试成为制度化的最高一级考试。宋代殿试常态化之后，进士们名义上都是由皇帝亲自录取的，是"天子门生"。为消除殿试被淘汰考生的不满，仁宗嘉祐二年（1057）起，殿试不再淘汰，只是进行排名。

宋太祖赵匡胤像　　　《宋元登科录题名录》

宋代开科的时间最初并无明确规定,一直到宋英宗治平三年(1066),才确定三年为一贡举,从此"三年大比"成为定制。

日益完备的科举制度,为宋朝培养了空前规模的文人团体。热心倡导科举取士的宋真宗亲自撰写了《励学篇》,其中有个名句"书中自有千钟粟",所谓"书中"就是通过科举考试获取利益,这是"赤裸裸"地用功名利禄引导青年人读书"上进"。

宋代对科举制度做了大幅度的改革,在考试中逐步推行了"糊名誊录法"(在弥封的基础上,将考生的答卷进行另外誊录,副本用于考官评阅)。在第一位考官阅卷以后,将每份试卷上给的等级弥封起来,然后交给复考官评阅。经过二评的试卷送给详定官,由其拆开等级封条,平衡两个等级之和,确定这份试卷的最后等级。如初评、二评差异很大,详定官可以另外再确定等级。这些制度的设立,不仅使考生答卷优劣成为录取与否的主要依据,而且革除了危害考试公正的弊病,吸引了大批没有达官贵人引荐的平民百姓参与。

宋代"唯有读书高"涩胎瓷俑

元仁宗像(元朝第四位皇帝,在位期间恢复科举)

《女真进士题名碑》拓片

四、元朝:科举制度的中落

元代的科举,分乡试、会试、御试三级,每三年一次。元朝统治者把全国各族人民分为贵贱四等,不仅在考试程式上有所区别,在考试内容方面,对汉人、南人的要求也比蒙古人、色目人严格得多。

据史料记载统计,元代共举行科举16次,录取进士约1200人。汉族儒生想通过科举进入仕途非常困难。所以,元代社会风气普遍对读书人不尊重,在民间说法中,读书人的地位与娼妓、乞丐一般。这就使得广大汉族知识分子前途渺茫,被迫放弃学业,以至一时"天下习儒者少"。

五、明朝:科举制度的鼎盛

明代是科举制度达到鼎盛的关键时期。明太祖朱元璋即位后,觉得科举选拔出来的年轻士子缺乏处理王朝初创时复杂局面的能力,因此一度停止科举。但后来又在实践中认识到科举制度的优势,最终于洪武十五年(1382)恢复科举取士制度。洪武十七年(1384)三月,科举制度被确定为明代选官的基本制度,对乡试、会试、殿试的程式都定出规制,并将八股文作为固定的考试文体。因其起股、中股、后股和束股的每一部分都必须有两股排比、对偶文字,共八股,故得此名。

明太祖朱元璋像

赴京赶考

它是科举考试中影响最大的文体。

六、清朝：科举制度的废止

清代沿袭明制，定制年份举行的乡试、会试依例而行，称为"正科"。另外，清代为网罗人才，奉旨开科，不依定制年份，随时开科，故有"恩科"之名。清朝共开科112次，其中正科84次，而恩科则有26次，占开科总数的近四分之一。

针对科举制度实施过程中暴露的各种问题，康熙、雍正、乾隆诸朝都对其进行了持续不断地补充与调整。例如：增加对官员的考核，对官员和平民的子弟做出区分，以避免占用名额，等等。对任何一个环节都有极为详尽的规定，缜密程度远超于前代。

光绪年间，八股取士带来的弊端使科举制度越来越僵化，西方思想与技术的传入，使传统的科举制度越来越不能选拔符合时代潮流的新人才。于是，科举制度逐渐走向没落，光绪三十一年（1905），科举制度被正式废止。

清高宗爱新觉罗·弘历像

清雍正《圣谕广训》

东方文化符号

殿试场景

清嘉庆二十二年庄瑶殿试卷（科举考试中，应试者欲得高第，除文章内容写得好外，书法功力也至关重要。这张殿试卷通篇文章一气呵成，字体隽秀，逻辑缜密，说理周至而不浮夸，表现出清代进士庄瑶不凡的文学造诣和政治思维）

清乾隆时陈初哲"状元及第"匾

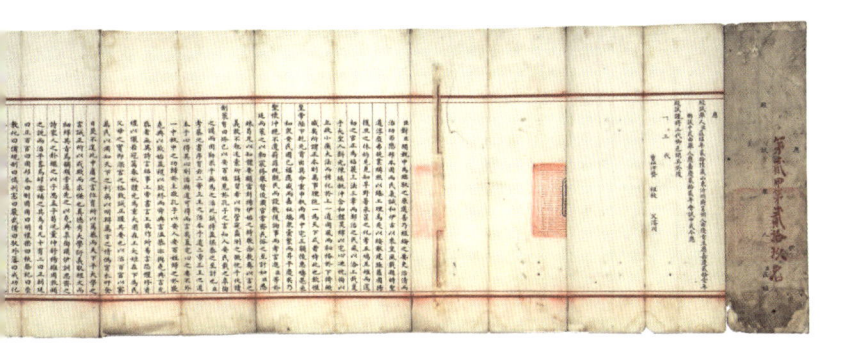

七、武科考试制度

上述重点介绍的是文科举的情况，与之相比，武科举的情况相对简单。其基本制度在明朝确立，所以重点梳理明朝武举的发展。

武举始于唐武则天长安二年（702），参加武举考试的人与明经、进士科的考生一样由各州举选。只不过武举是由兵部主考，在当时并不受人们重视。考试的项目有拉硬弓、舞大刀、举巨石、"射地球"等。关于这些考试内容的记载，有一本出版于1896年的法文书籍尤为珍贵。作者徐劢在南京观看了武举的省试后，以详尽的图文再现了武举的实况。在他看来，众多武举项目中，最有趣的是"射地球"：要求应试者在骑马状态下，用特殊形状的箭头把皮球从隆起的小土堆上射下来。这个项目难度很大，如果弓力不足或精度不准，就很难成功。

明洪武二十年（1387），朱元璋采纳了礼部的建议，

拉硬弓 　　　　举巨石 　　　　舞大刀

"射地球"（图片来源：徐劢《中国科举之实践》）

设立武学，开武举之科。天顺八年（1464），明英宗令天下文武官员举荐通晓兵法、谋勇出众者，先由各级御史考试，中式（指科举考试合格）者由兵部会同总兵官（即镇守边疆的统兵官）先在帅府考试策略，再到校场考试弓马。成化十四年（1478），宪宗批准了太监汪直的请求，像文科一样设置武科的乡试与会试。弘治六年（1493），定武举六年开考一次；11年后，又改定为三年一次，先试策略，后试弓马。正德十四年（1519），定武举试三场：第一场试马上箭，以三十步为准；第二场试步下箭，以八十步为准；第三场试策一道。

嘉靖元年（1522），又规定各省的武举考试由巡按御史在十月组织考试，南、北两京的武举则由兵部选取，定于第二年的四月进行会试。乡试与会试的考期均在四月的

清同治时杨文维"武魁"匾

初九、十二、十五日举行。后来又仿照文科南北卷例，分为边方（边疆）、腹里（内地）两方面。录取比例是每十名中边方六名、腹里四名。万历三十八年（1610），规定会试录取名额为100人。万历末年，科臣请设将材武科，第一场考试马步箭及枪、刀、剑、戟、拳搏、击刺等法；第二场考试营阵、地雷、火药、战车等项；第三场考试有关兵法、天文、地理等方面的知识。这一建议，得到了皇帝的批准，但是并未实行。

崇祯四年（1631），武科会试，当时的举人中能够使用百斤大刀的人只有王来聘和徐彦琦两人，但在发榜后，徐彦琦却没被录取。崇祯皇帝知道后，非常生气，下令将考官与监试御史全部拘捕并投入大狱，兵部侍郎22人也被全部撤职。为了选拔公正，崇祯帝又派方逢年、倪元璐等人负责重新考试，这次录取了翁英等120人。方逢年、倪元璐提出像文科举一样采取殿试的建议。崇祯皇帝采纳

清嘉庆时黄仁勇武科"状元及第"匾额

了他们的建议，分别赐给王来聘等人武进士及第和武进士出身。武科殿试便由此开始。

到了清代，制度上依然基本沿袭明末，但重视程度大大超过明代。清代的武官中科举出身者的数量不断增大，加上国家的大力支持，制度日渐严明，录取过程相对公正，民间的武术爱好者积极参加武举考试。总体上，清代武科举为国家输送了大批人才。

但是，到嘉庆年间，考虑到武人多不擅长涉及策论的内场考试，干脆废除原本内场中的策论，改为默写《武经七书》中的一段，逐渐使偏重文化考查的内场考试流于形式。武人们备受社会歧视，武举的社会地位也就此下降。

晚清时期，光绪二十一年（1895），荣禄曾提出废止武科举，主张各省创设武备学堂，以西洋军事课程培养新式军人，但未被认可。光绪二十七年（1901），武举制度终于被宣布废止。

第二章　江南贡院与乡试

贡院是我国古代进行科举考试的重要场所，其最早出现在唐玄宗开元年间，是乡试的管理机构和考试机构。而位于南京的江南贡院，始建于南宋乾道四年（1168）。1368年明太祖朱元璋定都南京后，其规模逐渐开始扩大，不再仅仅是建康府县府学的考试场所，而是进一步承担了乡试和会试的责任。在明清时期，江南贡院发展成为中国古代规模最大、影响最广的科举考场，为国家输送了大批人才。纵观江南贡院的发展，自明代至晚清1905年废除科举制，其与乡试之间的关系始终是密不可分的。

乡试开始于明太祖洪武三年（1370），每三年举行一次，于阴历子（鼠）年、卯（兔）年、午（马）年、酉（鸡）年举行，称为正科。若遇有新皇帝登基、皇帝万寿、皇帝大婚等庆典，奉诏特别增加的考试，则称为恩科，而原定正科或提早一年预行，或推迟一年补行。在清代后期，也曾有过恩科与正科合并举行的情况。

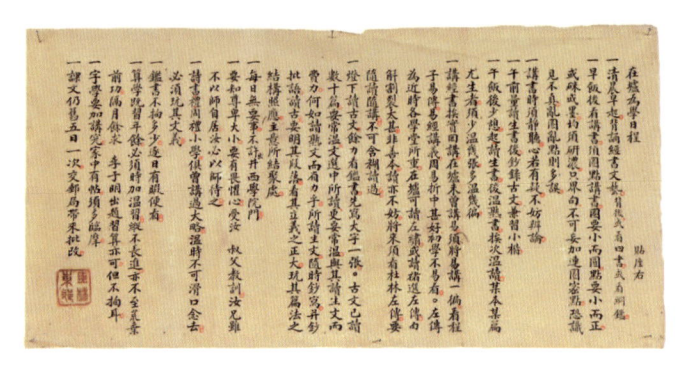

清代林东郊《在垆为学日程》(《在垆为学日程》是林东郊为自己的学生拟定的学习计划。从《日程》右下角"贴座右"字样可以看出它应是被作为座右铭使用的。古人重师,将天地君亲师放在一起,提醒世人要敬师。为师者也同样珍惜爱护自己的弟子,希望他们可以学有所成。师者,所以传道授业解惑也。所以林东郊拟定的计划非常细致,包括每日背什么书、读什么书、如何读书、预习时要做什么、温习时要怎么做等)

第一节 秀才之路

一、童试

童试俗称考秀才,秀才又称为生员。尚未取得生员资格的读书人,不论年龄大小,都被称为童生。童生要想取得生员的资格,必须经过县试、府试和院试。如果一个读书人到了80岁仍未考取生员,那他永远也脱不掉童生的帽子,只不过在童生前面加上一个"老"字,即老童生。

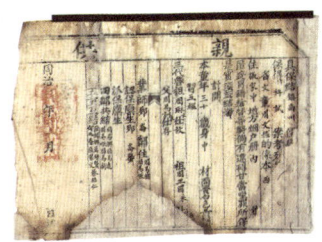

清代童生张杏南县试卷　　　　清代童生周文耀亲供

二、县试

县试由各县的知县（隶属于府的各州，厅则为知州、同知）主持，通常在农历二月考试。每当考试前一个月，知县便公布考试的日期。所有应试考生必须先向本县的相关机构报名，填写"亲供"，交代清楚姓名、籍贯、年龄，包括曾祖、祖父、父亲三代履历。除此，同考的5名童生还须联保画押，并请到本县的1名廪生（秀才经过岁考和科考两试成绩优秀者）作为担保人，开具保结，叫作认保。

保人的责任是相当重的，他们要做以下几个方面的保证：

首先，身家清白。凡娼、优、隶、卒之子孙，均不得应试。因为在封建社会里，考中举人进士之后，便有可能获得官职，一旦升任高官，不但封妻荫子，还能褒封祖宗三代。假如上辈是为娼、优、隶、卒则辱名誉，所以家世不清者，必须等到退役三代后的子孙，才能参加科考。

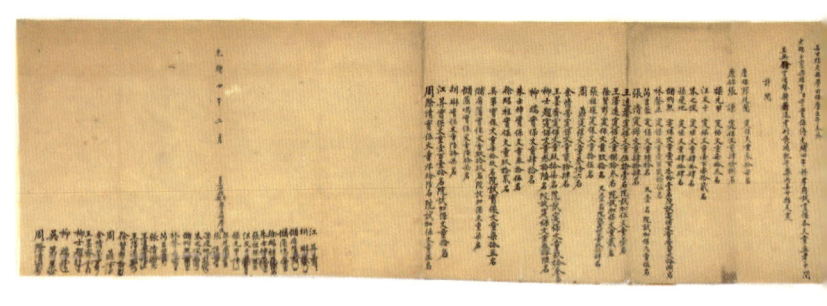

清代童生考试保结廪生名单

其次，不得冒籍。所谓"冒籍"，即外县人冒充本县人参考。由于当时各县考试录取人数均有定额，如果让外籍人员参考，一旦考中便会挤掉本县士子的名额，故为定例所不许。

再次，不得枪替。所谓"枪"，就是请别人代作考试文章；"替"则是请人顶替代考。由于当时照相技术尚未发明，故验明正身相当困难。这一认证的责任就只好由廪生来承担，所以认保又称为廪保。

最后，不得匿丧。在古代，父母丧亡后，子女要服丧。在服丧期间，是不能参加科考的。假如服丧未满便参加考试，称为"匿"。如果被人揭发，就要被除名废考，而为其担保的廪生，也要受到处罚。

县试的场次由担任主考官的知县决定，一般为5场。第一场是正场，最为重要。其后4场为复试，也称招复。考生正场合格，才有资格参加下一场考试。考试内容主要

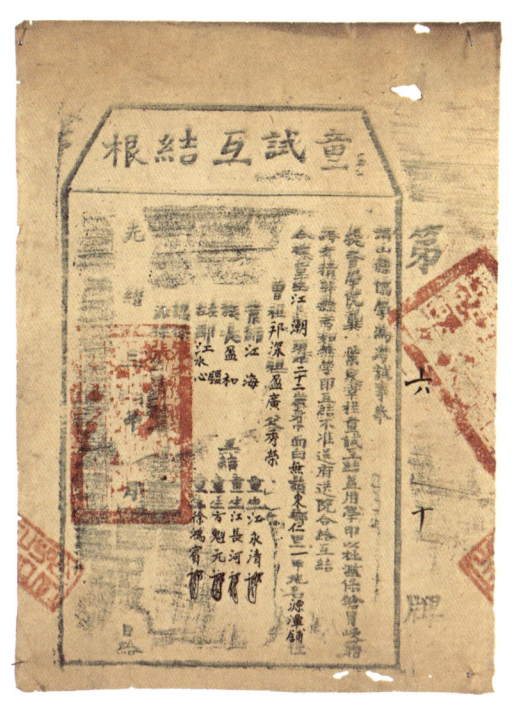

清代潜山县江潮等5童生互结单（童生应试除向本县署礼房如实填写姓名、籍贯、年龄并三代履历外，还要由5个同时应考的童生出具证明，相互担保，称互结）

是写八股文、试帖诗[3]。录取者有资格参加府试。

三、府试

由知府（各直隶州的知州、直隶厅的同知）主考，考试内容、程序与县试基本相同。由于府试的录取名额较少，难度最大，故有"府关"之名。府试录取者有资格参加院试。

四、院试

童试中最关键的一次考试,由学政[4]到各府州主持。院试一般有正场与复试两场。院试录取者称"生员",俗称"秀才"。如一考生县试、府试、院试均名列第一,称为"小三元"。

考中秀才即有免除差徭、见知县时不用下跪、官府不

清代安庆府院试试题

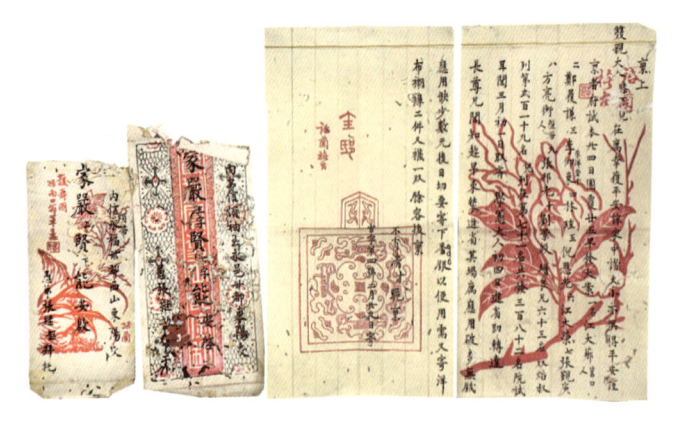

清代院试考生家书

可随意对其用刑、遇公事可禀见知县等权利。不仅如此，秀才是地方士绅阶层的支柱之一，他们可成为普通百姓与官府之间沟通的代言人，受到百姓的尊敬，人称"相公"。

第二节 入学

新录取的学生留县的称为县学生员，入府学的称为府学生员。生员既是读书人进入官学的资格，也是读书人在科举生涯中获得的第一级功名。由于明代实行"科举必由学校"，生员才有资格入读官学，参加乡试，继续博取更高的科举功名。

生员入学后分为附生、增生和廪生三类。所有生员需要参加岁试与科试。岁试是由学政主持的考核考试。岁试成绩优异者，附生可补增生，增生可补廪生。科试是选拔生员参加乡试的考试，成绩列一、二等的生员有资格参加乡试，被称为"科举生员"。

生员除参加乡试考取举人之外，还可以通过推荐成为国子监生。国子监生入仕，有朝考、考职、考试教习、考试誊录等多种途径，被任命为知县、教官、训导或非正式和低等官职。

第三节 乡试

乡试之名始于元代。明清乡试时间为子、午、卯、酉年的八月，分三场进行，八月初九日为第一场，十二日为

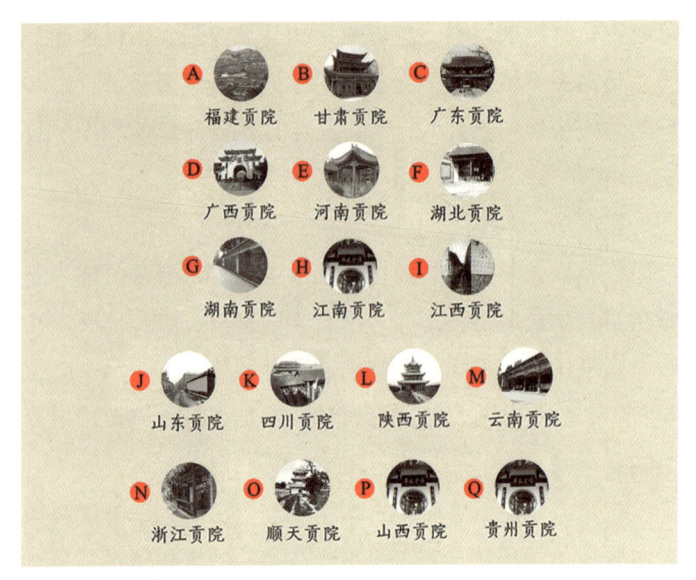

清代全国贡院图

第二场，十五日为第三场，只有个别年份因特别的事件影响而改变日期。乡试录取者称"举人"，俗称"孝廉"。乡试第一名称"解元"。乡试发榜时，正值桂花飘香，故称"桂榜"。

　　明清时期乡试的考试地点在南京、北京以及各省省会举行。乡试期间，考生在贡院的号舍中须历经九天六夜三场的考验与挑战，故有"三场考试磨成鬼"的俗谚。乡试中举后不仅具备做官的资格，还可以使自己的社会、经济地位产生质的提升，成为一支重要的社会力量。因此，乡试是明清时期改变士人命运最关键的考试。

号舍

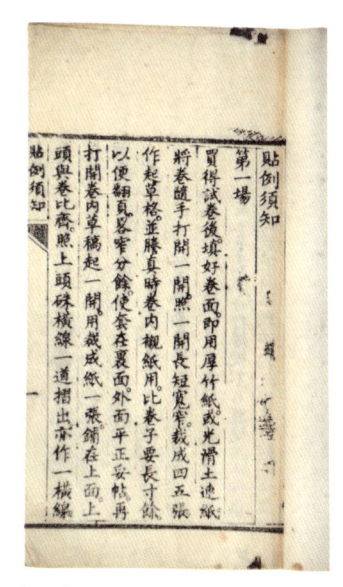

清代《贴例须知》

清代《考卷备体含英》

一、乡试的内容

乡试考试内容多次变化。明初，考试分三场，考试题目和答题主旨主要出自"四书"和"五经"之中。明代乡试头场写7篇八股文，要求每篇写两三百字左右。清代中期开始，乡试头场写3篇八股文，1首试帖诗。第二场根据命题写5篇八股文，每篇八股文增至700字以内。第三场五道策问，每题须300字以上。

二、乡试的场规

1. 考试规则

乡试期间，考场周围戒备森严。

据载，乡试、会试届期，凡举场附近居民有通过放爆竹、抛掷砖瓦等方式作弊者，立刻查处拘捕，并且派出衙

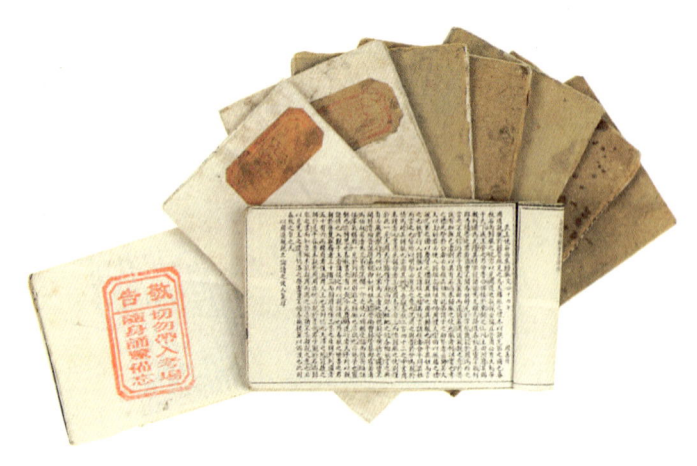

清代袖珍夹带

役暗访窝藏作弊的"枪手"的人家加以惩处。

不仅如此，对入场考生也有着严格的检查制度。如顺治二年（1645），朝廷就明确规定，有夹带纸片的人，先在考场前给他上枷标明罪状一个月，再判定罪行。如果有请人代考的，代考者与请代者都要上枷标明罪状示众。搜查的衙役如果知情不报，则定为同样的罪行。

康熙五十三年（1714）又规定，考生入场，皆穿拆缝衣服、单层鞋袜，只带篮筐、小凳、食物、笔砚等。

2. 搜检制度

每科考前先将搜检人役点入，搜检官员逐名搜查，点入之后，不许复出。贡院头门外，考生照牌序立，依次点入，不得擅越。送考人等，不许至点名处所，违者即行查究。点名时，头门、二门内，令搜查人役排成两行，考生均开襟解袜，以二人搜检一人，细查每位考生的衣服器具。如果二门搜出夹带物，即将头门没有搜出的官役照例处治。如果发现考生二场误带有头场文字、三场误带有二场文字，以及用带有文字的纸张包裹食物等类，并非有作弊的情况，虽不被定罪，但仍然要逐出考场。

为了防止考生进入考场后采取其他方式作弊，还制定了众多条规来约束考生和考场官员的行为。如考生通过检查，必须立即根据卷号进入号舍，不允许在号舍外停留。如果某一字号人满，立即将此号巷口的门关闭上锁，阻止考生走出号巷。考官入场后也有规定，例如：不许考官私

帽子、衫、袍、褂，必须是单层的，鞋用薄底。　　砚台不能太厚，毛笔的笔管必须空心，装水的容器用陶瓷。　　烤火用木炭只准两寸长，烛台只能是单盘的，柱子必须空心通底。　　糕点等食物都要切开，装这些用品的篮子，要编成玲珑格眼，底面如一。

搜检图示

访学生或与其交谈，不许把分阅的朱卷私自带入自己的房中，不许外帘官员私阅试卷，等等。为了防止考生与考官串通舞弊，甚至连答题中文字的承题、起讲等处所用虚字都有明确规定。

　　尽管清朝统治者定有严格的搜检和惩罚制度，但考生夹带作弊现象仍然十分严重。

搜检泥塑

3. 林则徐整顿江南乡试

由于考场规定的不断完善，清乾隆以后较长一段时间内，科举考场的秩序还是比较正常的，但到了道光年间科场的秩序又开始混乱。道光十二年（1832），这年刚好是壬辰科江南乡试之年，按常规该科的监临[5]（明清科举考试中特设之官。分为外监试，掌纠察考场事，属"外帘官"；内监试，掌纠察阅卷事，属"内帘官"）应由安徽巡抚来担任，可道光皇帝却破例指派林则徐担此要职。鉴于当时

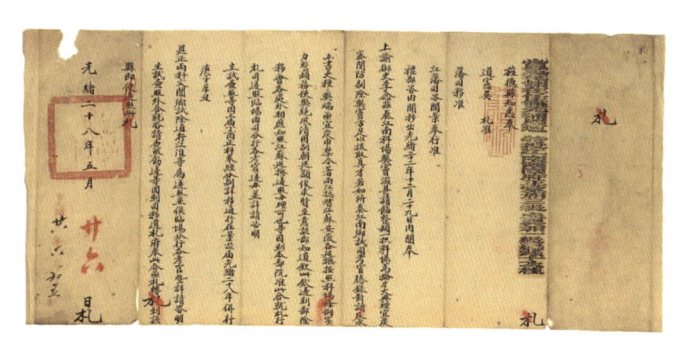

清光绪整顿江南科场札

清同治乡试官员札

考场中存在的问题，林则徐在遵旨抵达江南贡院后，立即采取了一系列的改革措施。

通过林则徐的精心整顿，江南贡院考场秩序焕然一新。南京中国科举博物馆至今还保留着林则徐监临江南贡院时所定的考场规约：

（1）点名的时候，士子须穿着长衣。凡是有挽辫执械等不良习惯的，都应该戒除。

（2）点名，即派定起数时刻。先给谕单，又于附近之文德桥、利涉桥，并贡院大门前三处，委员悬挂大字灯旗注明时刻起数、学分。自寅初一起始，至申正十四起止。每隔半个时辰，放炮一声，三处同时换旗。又恐旗上字远望不清，并于旗上悬灯，每一起，悬灯一个，灯数恰如起数。如士子寓所稍远，虽令不识字之人，往来代看，亦易辨认……至临场时，当多派委员，协同送考教官，于东西栅栏及贡院大门前三处，随时查验，果系临点之学分，方准前进，违者撵逐。士子皆须自重，勿以躁妄招尤。

清代江南乡试士子入闱简明规约十二条

（3）每学点完之后，对于没有到的人可以按照名字补点一次。如果还是没有到，半个时辰点名完毕更换牌子之前再进行一次补点。此后不再进行补点。如果有人故意迟到，在封门的时候才到场，则不允许其进入考场。

（4）每当人群喧闹的时候，会有人趁乱混进考场冒名顶替参考。教官应该逐个核实考生，对于顶替的人立即指出追究。倘若教官包庇，被发现就要革职。

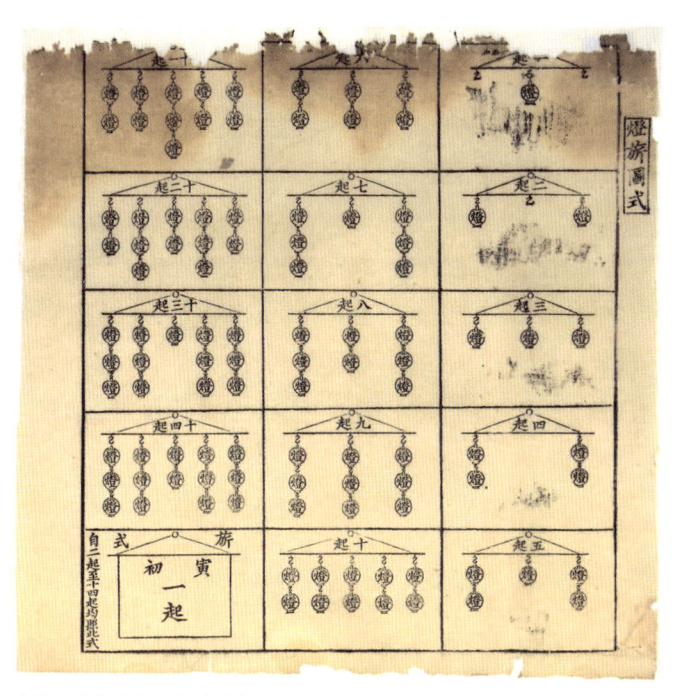

清代江南乡试点名灯旗图式

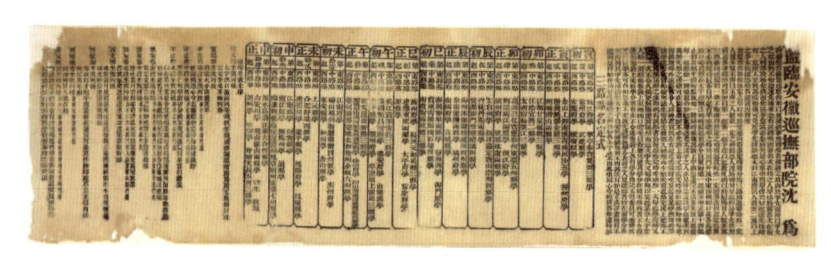

清代江南乡试三路点名定式

（5）各个考生领取试卷后，一旦进入龙门，就要按照卷面字号和考官指示进入位置。考生最好凝神静养，那样第二天写文章才会有精神。入号后就不允许再出去。官役也不允许到号口和考生交谈。考生同样不能够在号口喧嚷。已经领取试卷又跑到二门观看的人，难保不是作弊的人。

（6）士子还未入号，所有的考具衣服都不应该离开自己。但往往一进二门，考生就将其丢弃在地上，引类呼朋，忘其所以。等到东西丢失之后纷纷报官，大多数存在谎报。即使没有虚报，也是由于不小心。不可胜数的丢失物品无从追查，除了已经进本号丢失东西的人准许报官追究，那些未入号以前丢失物品的，只有有明确线索才为其查究。倘若只是凭空上报，不可能为其进行海捕。

（7）设置查号的小册子交给号官。下令在封门之后，逐一查明所管理的号内是否对号入座，并呈交给提调监试以便重新抽查。考生坐在号内，听候检查年龄相貌，不允许借故离开号门、往来行走。如果违背则捉拿追究。

（8）那些乱坐号的人，无非就是"枪手"罢了。他与所约定的人进入同一个号，然而这个号里本来没有他的位置，那么他必然徘徊观望，等到封门后，看到空出的号就混进去坐在那里，以便代替答题。他认为参考人员众多，这个方法不会被识破，却不知道监临部院盖用号戳的时候，就在每字中，抽起数号，密为存记。到截止时间还不到的号，又在另外一册上做记录。查号的时候，则先查未到的号，如果不应该有人坐的号上有人，则一定是乱号，一定会严加追究处理。除此之外还要随处防范，不止一次这样的事端，君子守法是大家所期望的事情。

（9）自从戊申科以后，下令考试的时候停止补发空白试卷。现在每个人都只有一份卷子，如果有污损错误，没有办法更换。考生需要小心誊写，不要耽误自己。

（10）各个号的号板，写坐的两块以外又增加了两块，可以满足使用需求。考生入号之后，有的私自拿取别的号的号板，或者用来作为靠背，或者用来铺地，导致后面没有号板，纷纷要求添加，实在是不能被原谅的行为。如今科考应该保持安静，不得滋生事故扰乱秩序，否则严惩。对于那些辱骂号官、殴打号军、抢取粥饭的行为，尤伤廉耻，一定要戒除。

（11）考场中，收卷要区分各府州，在木牌上写明"某府州在此缴卷"字样，以免疏漏。并事先在卷票上刻一戳字，使大家都知晓。士子到公堂交卷时，必须认明木牌上

至公堂

写的是什么府州,看清了向该处投缴,不得随便乱投,自己耽误功名。

(12)士子在考场中即使不能完成试卷,也应该将原卷呈缴,拿签出场。一直以来存在一种恶习,认为藏匿试卷混出考场是厉害的,不认为这是错误的。因此,每一届特令收卷的官员,每名下派定应收某学若干卷,随收随查。撤号的时候,如果有一卷有所缺失,立刻查询即可得知。又下令凡交卷的考生,委员亲自拿着他的手,用签换卷子,这样考生就很难趁乱拿签。又添派多名官员,在二门口收签,入箱封锁。不允许送回至公堂轮转使用,防止中途夺签和一签折作两签的问题。没有交卷的人,必然不能有签,携卷出场的人都即时败露。一经捉拿归案,很难宽恕。

以上增定规约十二条,诸生各宜遵守。至如买通关节,传递代请,埋藏夹带,割卷换卷,联号诸弊,现在立法稽查,至周至尽。倘有不自爱惜,或误听奸徒簧惑,作奸犯科者,一经败露,立置刑章。后悔难追,尤宜凛戒,特示!

晚年,林则徐回忆自己三次担任江南贡院监临官的情景,感慨之情油然而生,不禁作诗一首:

秣陵三度棘闱中,犹记朱书押榜红。

丹桂一枝仍抱月,白莲千朵早摇风。

只今雪窖孤踪老,却听霓裳旧咏同。

凭枝金天擎砥柱,河声岳色古来雄。

这首诗充分反映了林则徐雷厉风行的实干作风和大刀阔斧的改革精神。他在江南贡院所做的一切,留下了"无一事不尽心,故无一事无良法"的美誉。

4.科考士子的艰辛

江南乡试应试士子,多时可达2万多人,但能够被录取的仅有100多名。许多士子久困场屋,备尝艰辛,到头来还是名落孙山,折桂无望。

清初著名文学家蒲松龄在其《聊斋志异》一书中,将

秀才入闱参加乡试的情形归纳为"七似",即:

(1)初入考场,考生携带考篮,手执布袜,赤脚站立,等待搜检,好似乞丐。

(2)点名入场院时,官吏大声呵骂,考生好似囚犯。

(3)考生进入考场号舍,上面露头,下面露脚,好似秋末的冷蜂。

(4)考完离开考场时,个个神志模糊,看看天地好像都变了颜色,好似出笼的病鸟。

(5)盼望捷报,但有风吹草动,都以为是报马到来,连做梦也出现幻觉。时而觉得自己高中,顷刻楼阁俱成;时而觉得考不中,瞬间骸肌已朽。此际坐立不安,好似被拘禁的猿猴。

(6)等到报马传送喜报给了别人而无自己的名字,神色骤变,好似吮了毒物的苍蝇。

(7)初落第的时候,心灰意冷,大骂考官有眼无珠,骂自己文思失灵,将案头之物付之一炬。烧了不算,再用脚踏碎;踏碎不算,还要投之浊流。从此披发入山,如果有人再和自己谈论八股,一定操戈逐之。而随着时间的推移,则又揣摩八股,跃跃欲试,准备下届应试,好似破卵之鸠,只得衔木营巢,重新孵卵。

三、考官的职责

乡试期间,江南贡院至公堂后的内帘门由监临官封锁,门外挂帘。帘外一条清溪如鸿沟般将贡院隔作两段,河上

清康熙御制宸翰碑拓片（康熙年间科场舞弊案时有发生，为整肃考场风气，康熙帝写了这首诗赐予乡试主考官张廷枢等人，要求"人才当义取"，不许徇私逐利，破坏王道规矩，考官士子应以理学大师为楷模，严格规范自己的行为，不要死后留下恶名。张廷枢到任江南后，以钩临《御制宸翰》刻碑立石）

架有一座石梁,名曰飞虹桥。考场中的官员根据工作的性质,分别住在桥南和桥北,即内帘和外帘,于是便有了内帘官、外帘官[6]之称。

1. 考官的委派与职责

主考[7]、房官[8]、内提调[9]、内监试[10]、内收掌[11]为内帘官,监临、外提调、外监试、外收掌、受卷[12]、弥封[13]、誊录[14]、对读[15]等为外帘官。

其中,房官即乡会试的同考官,应试的卷子,例由房官分阅,择优荐给主考官,由主考官再定弃取。提调为明清科举考试中特设之官,掌理试场帘外一切事务,封闭内外门户,凡送卷、供应物料、弥封、誊录等事,皆跟随点检查封。收掌是统一收纳和掌管试卷的官员。

这些官员由于职责的不同,入选和委派方法也不一样。为了防止内外帘官串通舞弊,考试期间双方均不得逾越飞虹桥一步,甚至连隔河打个招呼也不允许。

（1）主考官

主持乡试的官员,称为主考官。主考分正主考和副主考,由皇帝亲自选派。清代初期,顺天、江南、浙江、江西、湖广、福建等省的正主考官员都由翰林充任。其他各省则由给事中[16]、光禄寺少卿、六部司官、行人中书、评事等职官员担任。某官差往某省,皆是固定的。康熙三年（1664）,除去定差之例。各直省的主考官,原先均为二人,正副各一。只有顺天贡院的主考,从乾隆中期开始增加为一正两副，到同治年间，更增至一正三副。主考官的选派，开始并没有出身的限制。雍正三年（1725），颁布考试令，规定主考人员只能从翰林及进士出身的部院官员中选派。主考和副主考都是暂时性的，一旦该科考完，便仍回原职，并不是长久的职务。

（2）同考官

同考官的职责是分房阅卷，故称为房官，或称房师。顺天同考官由礼部会同吏部，从科甲出身的中下级官员中挑选，选出后再呈给皇帝钦定。其他各省的同考官，起初在本省科甲出身的官员以及邻省进士出身的推官、知县或举人出身的教官中选任。雍正七年（1729），开始不准选用本省现任知县，只能从邻省在籍候选的进士、举人中选拔品学兼优的人来担任。为了避免发生考场舞弊的情况，进一步明确规定，附近三百里者，不得移文保送。雍正十三年（1735），又改为由各省督抚于本省进士、举人出身的属员中挑选。

同考官的人数，起初规定顺天20人，其他各省以参考人数的多少而定。要求每位同考官分阅300卷或250卷，后来干脆规定，大省同考官为18人，中省14人，小省12人或10人。此后又做过一些增减调整，小省减至8人。乾隆以前，考生在考试中可任意选考一经，所以阅卷时便按经分房。乾隆四十二年（1777），停五经分房之例，自此不必分经阅卷。

（3）监临、监试及提调官

主考、同考官之外，主要的官员还有监临、监试和提调官。顺天乡试，由皇帝选派监临二人，满人一员、汉人一员，专司稽查工作。其他各省监临官均为一人，俱以巡抚担任。唯有江南贡院统考江苏、安徽两省的士子，故监临一职，由江苏、安徽两省的巡抚按科轮流担任。

提调官人选，顺天由顺天府丞担任，监试则用满、汉御史。清初，各省提调、监试皆分别由布政使、按察使担任，后均由道员[17]充任。乾隆元年（1736），各省均照顺天之例增设内帘监试一员，选派道员、知府担任。监临、提调、监试都由各省高级官员担任。

（4）受卷、收掌、弥封、誊录及对读官

受卷、收掌、弥封、誊录、对读（校对）等官，自一二人至七八人不等，根据省份大小和事务繁简来决定人数。清朝担任这些官员的人通常在进士、举人、五贡中选派，或在本省府、州、县副职等官员内选择委用。

（5）考官赴任规定

为了防止官员徇私舞弊，清政府采取了一系列预防措施。顺治二年（1645）定《题差乡试主考官日期事例》，每科乡试之年，礼部将赴任各省的乡试主考，根据路途的远近，先后疏名上请。各省的主考官被提请后，等候朝廷的指令，限期出发。主考官员赴任时，不许携带家眷和过多的随从，以免骚扰沿途驿递，滋生奸弊。在过往的途中，由当地州县负责安全并供应食宿，但规定主考不得与外界接交，不准游山玩水。只要一进入主考省境，立即由提调官迎接并送至城郊接官厅，途中以监临官的封条封贴轿门。若考官途中暗通关节，被查出后必然受到严厉处罚。

2. 考官作弊方法

清时考场买通关节的事不仅发生在高级帘官身上，下层帘官也常被买通舞弊。例如誊卷官，他们有的接受了贿赂后，便对某人的卷子认真抄写，否则便书写潦草，甚至故意抄错，以致埋没了许多才华出众的考生。为此，雍正二年（1724）上谕，命知贡举[18]及监临御史严行申饬，如有誊写不够工整者，必须重加惩处，令其重写；并令对读官悉心校对。若是外帘官失察，日后发觉，该责任官员一同严加议处。乾隆五十二年（1787），为防止誊写中的舞弊现象，又有了严格规定，责成知贡举、监临随时查访。但这些规定并未能很好地得到执行。

到了道光年间，科场中负责安排誊写工作的官员，时常在考前接受贿赂。如果考生给的银钱多，就选择书写工整的人员为其录。不然，就胡乱抄写，称为"草誊"，哪怕考生的文章再好，也难免被誊写人所误。

按理说，试卷的姓名是被弥封的，誊卷官应当无法辨认试卷，但他们自有妙法，此法叫"用襻"。其意是任意选择两个字，约定在卷中第几行使用，并指定上文的第几格必须用某字，下面的第几格必须用某字，这就像衣服上的襻纽相扣，因此称为"襻"。这类"襻"字，皆由誊录生或安排誊写的官员事先拟定好，然后在入场前交给考生，名为"送襻"。但是，每场考卷万余份，负责誊录的官员有数十人，如何能够尽快找到各自的"襻"呢？原来他们瞒上不瞒下，相互勾结，共同舞弊。自从誊卷官想出"襻"这种发财办法，同考官（房官）也设法利用这一方法进行作弊。

但是，同考官即使用"襻"的方法找出自己的人情卷，将其推荐给主考官，主考官也不一定会录取。于是，同考官又想出一种办法，叫作"抬"。即把想要录取的考卷放在劣卷之中，并在此卷的上下多放差卷。当主考官评阅这些考卷时，觉得该房所荐之卷均差得很，阅到此卷后感觉比其他卷子好了许多，便取出放在一旁。再往下看，又是差卷，只能"矮子里面选将军"。加上主考官不可能将同考官所荐之卷一概不取，因此这份试卷还是比较有把握被录取，这一方法叫作"抬轿子"。

如果主考官本人也想作弊，可又不能明目张胆地要求同考官将该卷荐上来，怎么办？这也有办法，就是"搜"。此法是主考借口被同考官淘汰的卷子中可能有好卷，不能埋没了人才，便正大光明地在所有落选的卷子中搜寻，把他想要录取的卷子给找出来。

誊卷官除了送"襻"议定暗号外，还有私带了墨笔，帮助考生修改试卷的。因为朱卷抄录得再好，如果原卷存在问题，到了对读的时候还是会被发现的，于是誊写生干脆私藏了墨笔（因誊录所中仅有朱笔），为作弊试卷改错。对于誊写生的严重舞弊现象，道光十五年（1835），皇帝再次发出谕旨，责成知贡举、监临官对各所誊写官员加意查核，若发现携带黑墨、代改文字诸情弊，立即"严拿究办"。

3. 考官用笔规定

为明确责任、防止舞弊，清初考场对应试士子以及帘官用笔的颜色有所规定。如监临、内外监试、提调、受卷、誊录、对读、弥封、外收掌等官员用紫笔；同考官、内收掌及书吏用蓝笔；誊录生用朱笔；对读生用赭黄笔；对读官于朱卷内有改正处亦用赭黄；正、副主考用墨笔，因主考评阅的试卷为朱卷，所以用墨笔无碍；至于考生，由于题纸为墨印，故士子试卷也用墨书。这就是考场五色笔的使用规定。

4. 考官进入考场的礼仪

清代规定，考官于科考之年的八月六日入闱，入闱前照例要举行入帘宴[19]，届时主考、同考官、监临、提调、监试等内外帘官员均赴此宴。宴时，唯独主考官一人身着朝服乘坐亮轿。亮轿又称显轿，即轿子的四周不设围幛，所坐轿椅为大宝座，座上蒙有虎皮，左右双足各踏一只木狮，轿杆包裹彩绸，由8名轿夫抬往巡抚衙门，在江南则抬至首府衙门。

入衙后先行谢恩礼，礼毕入席。三道茶后，观戏二阕，戏毕略坐片刻便起身。起坐时观众蜂拥而上，将大堂上的桌、椅、杯、盘纷乱掀翻，名曰"抢宴"。待安定后，便开始入闱，此时杂职、杂役以及普通帘官先行，内外提调、监试随后，正副主考次之，监临官最后。

主考及所有内帘官员进入内帘官办公区域后，监临官封闭帘门。此后，内帘官员便与外帘官员不相往来，如有公事，则在内帘门问答授受。每天由供给官送入膳食柴米，其他时间皆封门隔帘，一直要等到发榜之时方可重新开放此门。

内帘门内有衡鉴堂，为考官校阅试卷及各官办公之所。衡鉴堂前有通道，通道顶上着宇盖瓦，两旁置窗，就像船厅一般，前后开有门，称作"孝廉船"。衡鉴堂东西为主考的居所，后面穿堂，为刻字印刷房，最后为舍经堂。堂的东西又各有院落，这里是房官、内监试、内提调、内收掌以及各书吏、匠役、仆从的居所。内帘官员除了批阅试卷之外，其他任何考试事务均不许过问。

5. 试卷的誊录、弥封

清代乡试，在将试卷送交考官校阅之前，要经过弥封、誊录、对读、分开朱卷和墨卷等各项手续。受卷官在收完每场试卷之后，在每份卷面上押印本人衔名的戳记，然后每10卷为一封，汇集后送交负责试卷弥封工作的机构——弥封所。弥封官收到试卷后，将试卷卷面折叠、弥封糊名，将所备誊录之卷连同考生试卷用《千字文》编列红号，每

100卷编一字号。使用的时候,将原来次序搅乱,二、三场与头场的考卷同用一号。弥封官亲自盖上印章,转送誊录所。为了防止考官们认识士子的笔迹,由布政司在各府、州、县书吏中挑选一定数量的誊录书手。根据各省考生的多寡,配备数百名至上千名誊录书手,将考生的墨书试卷用朱砂红笔誊录一遍,但对于添注涂改部分不誊。

朱卷规定第一场和第二场为7页,第三场为8页,每页24行,每行25格,横直格线用墨印出,每页跨缝的地方盖章。每位誊录生规定每天誊录3卷,誊录人员不准携带墨笔,如果发现顶冒誊录人员混入考场代人篡改试卷者,依律严惩,责成誊录官严加管理。

誊写完毕,封送对读所校对。因誊写中难免出现草率错误,如果不能校核正确,便会有碍考生前程,所以专门选择考试为四五等的生员担任对读生。如果有的人因特殊情况不能参加对读工作,则需交纳罚银4—8两进行赎役。一般江南贡院每科约需对读生300名,如果四五等生员人数不够,可以调拨文理明通的誊录手充当,或者雇用贫寒的读书人充当,这批人由对读官负责管理。贡院内专门建有誊录和对读人员的房舍,以供住宿。

弥封、誊录、对读官员必须在经手的每份考卷封面上戳印本人的衔名,包括誊录生和对读生各自的姓名、籍贯也要标注在墨卷的末尾。各项工作完成后,立即将朱卷和墨卷封套密实,交送外收掌。他们先核对朱墨两卷红号没有差错,然后再将朱卷与墨卷分开,朱卷分批送交提调堂批阅,由监临官逐一盖印。此后,将这若干卷打成一包,若干包为一批,陆续装入箱中送往内帘,交内收掌分送给考官评阅。

6. 试卷的批阅

八月十二日,内监试恭请主考大人升堂分卷。这时主考身着官服,内监试、内收掌以及各位房官均到衡鉴堂。正主考掣房签,副主考则用抽签的方式掣出第几束试卷,分别送至各房官案前。根据规定,主考与同考官校阅试卷均应在衡鉴堂进行,因为众人同聚一堂进行阅卷显得拘束,

清癸卯恩科江南乡试第一场荐卷(明清乡试,试卷先由同考官选阅,以蓝笔加批后荐给主考。这份清末江南贡院考生的试卷上附有房官的推荐之语和主考官的评语)

后来便照惯例，仅在堂上阅荐一两份试卷，然后各自回归私室校阅。房官们挑选其中意者加批评定，并可加圈（加圈越多，表明文章越好）。

头场试卷于十二日起开始阅卷和荐卷，第一场荐完，第二、第三场试卷加批续荐。若遇到第二、第三场的签卷很好，而第一场试卷并没有举荐给主考的情况，可以一并加批，同时补荐。正副主考官根据各位同考官所荐考卷，细心评校，头场评阅完毕再结合第二、第三场试卷，互相参照，认真商酌，以决定录取的试卷。如果发现疑点，可请监试从外帘调取墨卷进行核对。

为了防止屈才，主考官有责任搜阅各房未荐之落卷。对于同考官未荐之卷，或已荐给主考但并未录取的落卷，

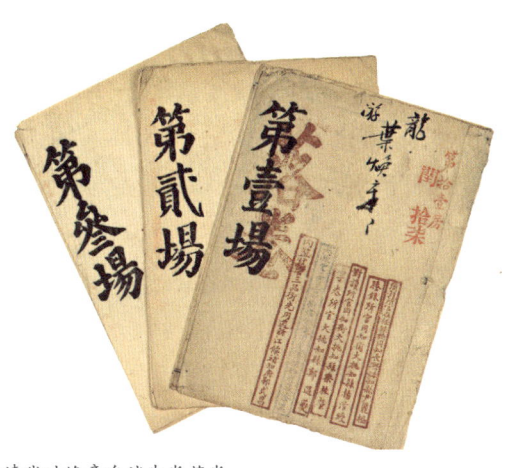

清代叶焕章乡试朱卷落卷

也应注有评语。被录取之卷，等到发榜之日，按朱卷编号调取存于外帘的墨卷，拆封后填写榜名。发榜之后，即将中试墨卷与朱卷套合在一起，解送至礼部等待复核，其余落选之卷则转交给各县府学保管。此时，落榜的士子可在十日之内到布政司衙门查阅本人的试卷。

7. 乡试的录取

乡试录取的名额，根据该省文风高下、人口数量、丁赋的轻重来决定。清顺治二年（1645）乙酉开科，当时仅有顺天、江南、河南、山东、山西开科。后陆续增加浙江、江西、湖广、福建、广东、四川、广西、云南、贵州等地。到顺治十七年（1660）乡试开科的地区已与明代相同，即两京十三省，共十五闱。

（1）录取名额

清初时规定录取的名额比较宽松，录取人数较多的省份，从高到低依次为：

顺天168名，江南163名，江西113名，浙江107名，湖广106名，福建105名。

（2）正榜与副榜

清代的乡试有正榜、副榜之分，按规定名额录取的称为正榜，正榜之外超额录取的称为副榜。副榜之名始于明嘉靖五年（1526）。顺治二年（1645）规定："直省乡试卷，有文理优长，限于额数者，取作副榜，与正榜同发。"副榜中额增加了云南、贵州的名额。此后，各省每正榜五名取中副榜一名，称为副贡，并成为定例。副榜与正榜虽然同时发布，但是考中副榜者要想取得举人的资格，还必须在以后的乡试中考取正榜。

至于发榜日期，清初规定：大省于九月五日前，中小省于八月末。后因考试人数增加，试卷太多，限于出榜日期的规定，考试官不能细心查阅，往往草率地录取考生，导致常有优秀的人才被遗漏。为了避免这种情况，康熙五十年（1711），将各省乡试放榜日期延后十日。光绪十三年（1887），更放宽江南于九月二十五日内放榜。因发榜日期多定在寅日或辰日，而寅属虎、辰属龙，于是人们便称之为"龙虎榜"。放榜的时候，正值桂花盛开季节，所以人们又称乡试发

明代报捷俑

清光绪乙亥恩科江南乡试捷报

榜为"桂榜"。

（3）写榜

放榜前一天，主考先将填好的红号草榜交给监临官，按照录取者的编号从外帘调取墨卷。写榜时，主考、监临、学政、房官、提调、监试等齐集衡鉴堂或至公堂，主考官居中，监临在左，学政在右，内外帘官依次排坐于东、西两侧，每人手中都发有一份草榜，各人面前同时还置有闱墨一本，称为"铺堂卷"。

书吏请发朱卷，核对墨卷红号与朱卷相符，才拆开墨卷弥封。每拆一卷，由执事官朗诵小讲，互对无误后，即照写榜条，连同朱卷与墨卷一并呈交正、副主考官。副主考在朱卷卷面第几名下书写姓名，正主考于墨卷卷面右方照书朱卷之名次，随后将姓名、籍贯等注明于草榜之内，交由书吏唱读第几名某人以及某府、某县、某生等。

清代《江南乡试录》

清代举人"雀顶"冠饰

唱毕，开始抄写正榜。正榜由第六名写起，写完最后一名，再写前五名，由第五倒着写至第一，称为"五经魁"。因为在乾隆五十三年（1788）之前，考生可以于"五经"之内自选一经考试，而发榜时在每一经中选出一名为首，这就是五经魁的由来。五经魁写毕，已到了午夜时分，于是堂上、堂下加燃起大红花烛，经魁出自某房便将一对红烛置于该房房官的案前，以示荣誉。这时唱名者唱声特高，吏役执事们争相抢夺红烛，以求好运气，称之为"闹五魁"。正榜写毕，抄写副榜。写榜的同时，另由书吏照填《题名录》。

（4）放榜

全榜写毕，书吏朗读一遍，确定是否与榜条相符，江南及各省盖巡抚关防，顺天盖顺天府尹印，福建、甘肃、四川盖总督关防，年月及接缝处均须盖用。载以黄绸彩亭，用鼓乐、仪仗、兵丁护送榜文，顺天于府尹衙门前，各省于布政司或巡抚衙门前张挂。放榜当日，各直省的监临官分别将《题名录》进呈皇帝御览。取中正榜者称为举人，正榜第一名称为解元（即地方选送给朝廷的第一名人才），第二名叫亚元，第三、第四、第五名称经魁，第六名称亚魁，其余的称为文魁，而取中副榜的则称为副贡。此外，还有后备中榜遗额，此类人选由主考于卷内批语下面写上"备"或"堂备"字样，称为堂备卷，主要用于写榜之时忽然发现有问题的卷子，临时作为补充。此类替补之人并

南闱放榜图

不榜示，只是在士子领落卷的时候知道而已。

正副榜的卷子，发榜后送还内帘，由主考交给各房官磨勘加圈、写批，将原卷上房官、主考所写浮批（写有批语的纸条）取下，另写批语八字于试卷之上。批好后，再由监试交给内收掌解送布政使司咨送礼部。

（5）鹿鸣宴

发榜后的第二天设鹿鸣宴。此宴源于唐制。明代的鹿鸣宴一般设于学宫中的明伦堂内，而清代只有江南乡试设宴于公所（即江宁府衙），以巡抚主持此宴。届时，主考、监临、学政、内外帘官、新科举人都要参加。主考身穿朝服，会同巡抚先行谢恩礼，其仪式与入帘宴相同。此后再由新科举人谒见主考、监临、学政等内帘官。颁给主考、监临等官金银花、杯盘、绸缎等物品，发给新科举人牌坊银20两以及顶戴、衣物、匾额等项，然后依次入座开宴。

乾隆以前鹿鸣宴的酒馔相当丰盛，礼乐也配备讲究，后来则清酒一樽，只是举行一个仪式罢了。宴中首歌《鹿鸣》诗，再跳魁星舞。歌舞一停，抢宴者便一哄而起，此时已无秩序可言。这是乡试的尾声，也是乡试的最高潮。

中举满60周年者，逢其乡试原中之科三品以上，可由本省督抚专折奏请；四品以下，由本省督抚咨报礼部，准与新科举人同赴鹿鸣宴，称为"重宴鹿鸣"。

第三章　江南贡院走出的科举名人

第一节　名人考官（袁枚、李鸿章）

与其他省份乡试一样，江南贡院的考官也包括两类：一类是正副主考官、同考官，负责命题、阅卷与录取等工作；一类是监临、提调等，负责考场纪律、处理考场事务等工作，此类官员一般由地方官充任。有多位历史名人曾经在江南贡院担任考官，他们为江南贡院公平公正、有效选拔人才贡献了自己的力量。

袁　枚

袁枚（1716—1798），字子才，号简斋。浙江钱塘人。雍正五年（1727），12岁的袁枚便和他的启蒙老师史玉瓒一起考上秀才。学生和老师同时考上秀才，此事轰动乡里。不久，袁枚进学读书，受业于王交河（兰生）先生。袁枚进县学后仍然学业有成，颇受老师器重。

乾隆三年（1738）戊午科，袁枚在顺天乡试中一举金榜题名。喜报传来，他悲喜交加，恍若梦中。次年春，袁枚通过了会试。同年四月，他又在紫禁城里的保和殿通过殿试。同榜录取的共有300人，唱名传召考生时，袁枚名列第五。清代科考，进士经过殿试取得出身后，还需再通过一次廷试，按考试成绩，结合殿试及复试的名次，最后由皇帝决定分别应授何种官职。最优秀者选为翰林院庶吉士，其余分别用为主事、中书、知县等。袁枚在这一年中连战连捷，不仅通过了朝考，还因成绩优秀被选拔为庶吉士。同年冬天，袁枚便回乡娶亲。

乾隆五年（1740），袁枚北上回京城，在庶常馆中修课，他当时所学的功课主要是满文和清史。但满文翻译是袁枚最薄弱的功课，每遇考试总是不及格。在最关键的散馆考试中，他因满文不及格而被外用为江南知县。这对袁枚打击很大，他在《改官白下留别诸同年》一诗中写道："……手折芙蓉下人世，不知人世竟何如？"

袁枚在28岁时被任命为江苏溧水知县，后来又分别做了江浦、沭阳、江宁等地知县。乾隆九年（1744）秋天，江南乡试在南京举行。袁枚早年曾作为考生参加江南乡试，此次以科甲出身的县令身份担任同考官。当他进入关防严密的考场，不由想起自己从前落第的情景，无限感触，写了如下诗句：

仙乐嘹嘈沸绮筵，满街宫锦晓风天。

红裙莫讶帘官少,道挂朝衣已六年。

敢云眼似光明烛,且喜心如不动帆。

带入闱中示同伴,当时落第泪痕衫。

袁枚在任同考官阅卷时,非常赏识两位考生,一位是清代著名诗人吴梅村的孙子吴维鹗,另一位是陈迈晴。两人才华横溢,居然都被主考官淘汰。袁枚虽据理力争,但由于他年轻气盛、言辞激烈,得罪了主考官,结果适得其反。袁枚对此愤愤不平、感慨万端,眼睁睁地看着两位卓有才华的青年落选,自己却无能为力。后来吴维鹗虽于乾隆十八年(1753)中了举人,但在赴北京会试时,竟然死在考场,陈迈晴则比他死得更早!

乾隆十年(1745),袁枚从沭阳调往江宁任知县。他在任江宁县令时,深得当时两江总督尹继善的信任和百姓的爱戴。尹继善于乾隆十三年(1748)举荐袁枚做高邮(属扬州)知州,但因当时"朝中无人莫做官"的风气,最终被吏议否决。袁枚对此深感失望,他看透了官场人情薄如纸,对任江宁知县的生活非常厌倦。不久后,袁枚便称病在家中休养。由于家族没落,又远在杭州,家乡并不是理想的归宿,而他在江宁声誉很好,于是决定在南京找一块退隐之地。乾隆十三年,袁枚买下了坐落在南京小仓山上的一座"隋园"。

隋园本是江宁织造曹寅的一处宅第。曹家失势被抄后,雍正皇帝把该园赐给了江宁织造的后继者隋赫德，故名隋园。后来，隋家衰落，把此园低价卖给了到江宁当县令的袁枚。此时该园已颓败荒芜，袁枚将它易名"随园"，即随遇而安，顺应自然之意。

乾隆十六年（1751），袁枚重新回到县官任上。但不到半年，因父亲去世，袁枚回乡服丧，服丧3年后，便下定决心辞官。当时尹继善写信劝他复出，并叫他的好友沈凡民苦苦相劝，但袁枚都婉言谢绝，表示志不在做官，唯有成为一名文者来报答尹继善的知遇之恩。

"身依堂上衰年母，日补人间未读书"是袁枚隐居的生活理想，他的名字，也和随园紧密联系在一起。随园是他和家人生活的地方，也是他聚朋会友、从事文学活动的地方。中年时，人们称他为袁随园、随园夫子；老年时，人们又称他为随园叟、随园老人。他的诗集、文集，皆以小仓山或随园命名。

乾隆二十四年（1759），随园建设已初具规模，袁枚作《随园二十四咏》诗，对园中的树木花草、亭台楼榭都赋予了浓郁的诗情画意。从32岁隐居随园，到82岁去世，在半个世纪的岁月中，袁枚把大量的时间和精力都投入著书立说之中，他的《随园诗话》和《小仓山房诗文集》就是在这里写成的。人们也常称袁枚是我国清代诗文最多的文学家。

李鸿章

李鸿章,字渐甫,号少荃,安徽庐州府合肥县人。道光二十三年(1843)乡试中举,随后奉父命入京应会试,在入京时写下《入都》十首。"丈夫只手把吴钩,意气高于百尺楼。一万年来谁著史?三千里外欲封侯。"我们从中可以一窥李鸿章的胸襟气魄,他文人的骨子里透着武人的血气。

道光二十七年(1847),李鸿章进士及第,名列二甲第三十六名,以翰林院庶吉士留京师翰林院。咸丰元年(1851),太平天国起义,东南名城,相继陷落,朝野上下为之震荡。咸丰三年(1853),李鸿章随侍郎吕贤基回乡办团练。侍郎去世后,他先后在福济和曾国藩幕下效力,为平定太平军与捻军之乱出力甚巨,得到两人的赏识和举荐。

有人说是时势造英雄,让李鸿章"以一词臣,总握兵戎,转战四方,参于机要"。梁启超却说:"李鸿章之用兵也,谋定后动,料敌如神,故在军中十五年,未尝有所挫衄。虽曰幸运,亦岂不以人事耶?"

他是北洋水师的创始人、洋务运动的领袖,与曾国藩、张之洞、左宗棠并称"中兴四大名臣"。官至北洋通商大臣、直隶总督,死后追赠太傅,晋一等肃毅侯,谥文忠。文忠被认为是仅次于文正的谥号,经纬天地曰文,危身奉上曰忠。

《清史稿·李鸿章传》评价他："既平大难，独主国事数十年，内政外交，常以一身当其冲，国家倚为重轻，名满全球，中外震仰，近世所未有也。"后人说起他，有人赞他是"东方俾斯麦""大清帝国中唯一有能耐和世界列强一争长短之人"；也有人斥他为"乱世之奸雄"。然而"誉满天下，未必不为乡愿；谤满天下，未必不为伟人"。谁也不可否认，他是一位在晚清风云变幻的政治舞台上活跃了近半个世纪，对中国近代史影响深远的人物。

李鸿章对于科举事务非常关心。同治三年（1864），曾国藩安排增修部分号舍，但是因为考生人数众多，仍然不能满足需求。在同治五年（1866）重修的时候，李鸿章下令扩充了面积，东边到平江府，西边到西总门，号舍增加到18900余间，从此"两省之士庶无遗珠之憾"。现存于江南贡院至公堂旁，立于同治十年（1871）的"重修江南贡院碑"的碑文就是李鸿章亲自撰写的。

而现存于夫子庙大成殿，立于清光绪十二年（1886）的"筹措朝考盘费碑"的碑文中讲述了光绪年间，李鸿章、左宗棠等人筹措银两1万余两，投资于商业，用利息扩大捐助范围，作为江宁府所属七县考生赴京会试的公车经费一事。当时，因为参加恩科的考生和优拔贡生比较多，赴赴京城参加会试的经费和朝考盘费却有限，优拔贡生参加朝考需要自备盘费，这让家里贫穷的人感到为难。经过优贡举人陈兆熙等人的申诉，获准从当年基金中抽出800两，

筹措朝考盘费碑　　　　　　重修江南贡院碑

出典生息，作为优拔贡生参加朝考的盘费，并规定了利息的标准、提取时间和承办机关。

第二节　名人考生（吴承恩、吴敬梓）

江南贡院是人文荟萃的江南地区士子实现金榜题名的起点。经过"三场考试磨成鬼"的应试之后，及第者获得了前往京城会试的通行证；落第者则因为来江南贡院应试领略了秦淮河畔的风光，有"天下文枢"之称的夫子庙给他们留下了深刻的印象，开阔了他们的视野，增长了他们的见识。下面来介绍两位名人考生。

吴承恩

自元末至清代中期,中国产生了四部著名的古典白话长篇小说——《三国演义》《水浒传》《西游记》《红楼梦》。这四部小说题材各异,吴承恩的《西游记》作为"中国最珍贵的一部神话小说",脱胎于"神仙"与"鬼怪",弥补了中国古代神话与西方古希腊和古罗马神话相比较缺乏系统性的缺憾。

吴承恩(约1500—1582),字汝忠,号射阳山人。先世为涟水人,后徙山阳(今属江苏省淮安市)。吴承恩学习非常勤奋,在院试时以全县第一名的成绩考中秀才,成为县学生员。"十年寒窗无人晓,一朝成名天下闻。"这是古代知识分子通过科举获取功名富贵,走上仕途的必由之路。明嘉靖十年(1531)秋,吴承恩从山阳县码头与学友一起乘船起程,至南京参加乡试。在赴考途中,吴承恩一直在琢磨《西游记》这部书写好以后如何出版。到了南京,他便迫不及待地与金陵著名的刻印社世德堂联系,希望自己的《西游记》问世后就在该社刻印。

吴承恩像

由于吴承恩既要温习"四书""五经",又要写唐僧取经的神话，一心二用，所以第一次乡试便落榜了。回到家中，父亲吴锐因他未能金榜题名急得一病不起，第二年春天便与世长辞了。吴锐生前十分希望儿子考取功名，光宗耀祖，而今却未能如愿。吴承恩悲痛欲绝，为父亲写了1300余字的《先府宾墓志铭》，追述他的生平。

在家守孝3年以后，吴承恩前往茅山。茅山是道教圣地，吴承恩在此处收集到许多撰写《西游记》的素材，其中"华阳洞天主人"这个称号就是他游历茅山时得来的。

嘉靖十三年（1534）秋，吴承恩又赴南京参加乡试，但是再一次败北而归。回乡途中，他带着忧郁的心情游览了镇江的金山寺，游览之时也时刻不忘为《西游记》寻找素材。吴承恩把白娘子水漫金山寺的故事进行了改编，出现在他的小说中，《西游记》第二十二回《八戒大战流沙河，木叉奉法收悟净》就是金山寺一游后写成的。

嘉靖十六年（1537）夏天，吴承恩抱着学而优则仕的理想赴南京参加乡试，这一次仍是名落孙山。以后他又连续考了几次，但总是榜上无名。直到40岁，吴承恩才中了岁贡，之后便屡屡失败。

虽然吴承恩有盖世奇才，但性格比较倔强，不肯阿谀逢迎。直到60多岁时，他不得已才勉强去做浙江长兴县丞（相当于现在的副县长），正八品，一年俸禄七八十石米，主要职责是催收各种税科。但仅任职一年半左右，吴承恩便因征粮一事得罪了长兴大豪，被诬陷为贪赃枉法，撤职罢官。虽然案情不久即查清，但他"耻折腰，遂拂袖而归"，退官回淮安。

科场的失意、仕途的困顿、生活的贫困加深了吴承恩的愤懑之情，面对官场、科场和社会上的种种丑态，他不禁发出了"近世之风，余不忍详言之也"的慨叹。

在现实中，吴承恩深感自己的政治理想是无法实现的，所以《西游记》中那些祸国殃民的妖怪，正是他对所见所闻的黑暗政治的一种折射。

尽管吴承恩一生郁悒，在政治上未有大作为，却是一位长寿的文学家。他活到80岁左右，历经弘治、正德、嘉靖、隆庆、万历五朝。他将自己的卓越才华和后半生心血统统倾注到《西游记》创作中，用神话般的奇幻想象，寄托襟抱，浇胸中之块垒。

今天《西游记》一书早已走向了世界，成为人类文学史上一部不朽的名作，吴承恩这个名字也将永载史册。

吴敬梓

清代中叶，有一位著名的讽刺小说家，他曾经多次参加科考，终因名落孙山，看透世态炎凉，积十余年之工夫写成了我国著名的讽刺小说《儒林外史》。他就是可与著名的法国作家巴尔扎克、西班牙作家塞万提斯、俄国作家果戈理相提并论的讽刺大师吴敬梓。

吴敬梓（1701—1754），字敏轩，号粒民。安徽全椒人，晚年自称"文木老人",又称"秦淮寓客"。

雍正七年(1729),29岁的吴敬梓赴滁州参加岁考,虽然吴敬梓在当时"名声"不太好,但终因才高被列为案首。但是,在同年的乡试中,吴敬梓却名落孙山。祸不单行,就在当年春天,其爱妻陶氏病故。这一连串的打击,使吴敬梓心灰意冷,逐渐对科举产生不满。由于吴敬梓不事生产,且时常周济贫困的人,又好交游,挥霍无度,卖田卖宅,所以受到族人的非议,并传为"乡里子弟戒"。这使吴敬梓萌生了移家南京的念头。

吴敬梓像

乾隆元年(1736),清王朝下诏征"博学鸿词"学者。由于吴敬梓学识超人,十里传闻,安徽巡抚赵国麟亲自登门造访,但吴敬梓竟然不去参加廷试,也从此不参与乡里的选拔,因此家境越来越贫寒。乾隆十六年(1751),乾隆首次南巡路过南京,举行征召,众士子都争着献诗,企求封赏,吴敬梓却有意回避,足见其鄙薄功名利禄,绝意仕途之心。

吴敬梓在南京前后度过了20年时间,由于他生性好友,朋友非常多。在当时的南京,吴敬梓文誉极高,像一个文学中心人物。据说一年冬天,吴敬梓家中正愁揭不开锅,他的两位诗友刚巧来访,见他家徒四壁,书房里只剩下一部《春秋诸书》,吴妻叶氏也饿得晕了过去,于是赶紧凑了1两碎银,买了1斗米、20斤木炭,这才灶冒青烟、屋飘饭香。二人在吴敬梓家中住宿一夜,但是到了夜里三人都被冻醒了,于是吴敬梓建议出去逛逛。几位好友沿着南京的城墙而行,一边走一边吟诗,直到天亮。

吴敬梓在创作《儒林外史》时,也时常把自己的一些志趣相投的朋友及现实生活中的人物假托于小说当中。如小说中的迟衡山,就是他交情极厚、交往频繁的句容县友人樊明征;虞博士就是影射在南京当教谕的吴蒙泉;还有一位好友朱草衣,也就是《儒林外史》中的牛布衣,此人经常把自己的牢骚和不满及真实感受写下来,晚年客死南京。《儒林外史》中的马二先生马纯上也是吴敬梓的一位好友,此人科考一直失利,侥幸中了举之后又不幸在北京病逝。在书中,吴敬梓把马二当作现实生活中迂腐的知识分子的代称,对他们的态度也多是无情地鞭挞。

在这部小说中,吴敬梓写了明成化末年(1487)到明万历二十三年(1595)发生在南京的事。此书托古言今,许多都是当时的人和事,虽不尽同,然都言之有物。从小说第二十四回起至结尾,也就是小说的后半部,情节都发生在南京,包括南京的山山水水,都在《儒林外史》中有生动的描述。书中也写了南京的许多亭台阁榭,还有谚语方言，从而使我们了解朱元璋定都南京后，南京的科举文化、学术思想的活跃情况。

在故宫博物院藏有一首诗，是后人唯一能见到的吴敬梓的手迹——《奉题雅雨大公祖出塞图》，它是吴敬梓题在"扬州八怪"之一、画家高凤翰《雅雨山人出塞图》上的一首七言古诗。卢雅雨是吴敬梓的一位好友，曾在雍正时任过江宁知府，后又任两淮盐运使。两淮盐运使是一个显赫的官职，当上此官之人往往财雄势大，生活奢侈，但卢雅雨是一个非常正直的官吏，结果却遭到别人的诬陷，丢掉官职，被充军到塞外戍台。冤案昭雪后，就在卢雅雨复调两淮盐运使第二年，即乾隆十九年（1754），吴敬梓与世长辞。

由于吴敬梓生前淡于名利，早年家产挥尽，只能寄居他乡。他死后只有续妻及幼子，"身后茅堂余破漏"，连葬殓的钱都没有。卢雅雨得知吴敬梓暴卒之事后，不胜伤感，立即承担了一切丧葬费用。据金和《儒林外史·跋》中记载，吴敬梓入殓后，葬在"金陵南郊之凤台门花田中"。

第四章　江南乡试科场案例

科举制度取代九品中正制是历史的一大进步。但是，任何一种制度都不可能十全十美。在科举制度刚建立不久，一些徇私舞弊的现象便随之出现。自唐代开始，封建统治者就采取了防止作弊的相应措施。随着科举制度的发展，防止科场舞弊的措施也日益严密，但作弊的手段也随之更加巧妙多样。到了明代后期，由于政治的腐败，科场中挟带、抄袭、顶替以及飞鸽传书、龙门调卷等作弊手法层出不穷，但最大的弊端莫过于攀附关系、贿买关节。

历代朝廷为保证科举的相对公平，采取了一系列有效措施，对科场舞弊人员的处理更是严厉万分。尤其到了清代，有关涉案人员往往被处以极刑，甚至殃及他们的父母、兄弟、妻子等亲属。在所有科场案中，最具代表性的是发生于江南的明代洪武丁丑科，清代顺治丁酉科、康熙辛卯科等科场案。

第一节　洪武丁丑南京会试科场案

明洪武三十年（1397）丁丑科会试在南京举行。此时的金陵城，正处于"青梅如豆柳如眉，日长蝴蝶飞"的季节。按照明代科举制度的规定，三年一"大比"，即子、卯、午、酉年乡试，辰、戌、丑、未年会试。会试是由礼部主持的全国性考试，称为"礼闱"；因为是新春之季，所以又称"春闱"。会试的考生资格规定为：凡乡试之举人，皆可应试。参加会试的举人，"官给廪传，送礼部会试"，即由各地官府负责向考生提供食宿费用及交通工具，将他们送到京师的礼部参加会试。而会试的考官则由皇帝钦点。

该科会试的主考官为翰林学士刘三吾，副主考为王府纪善（官职名）白信蹈。刘三吾接旨后不顾年老体衰，亲自临场监考，并不厌其烦地对其他考官说："天下才子十载寒窗，全在会试三场以定优劣，尔等若徇私舞弊，岂不辜负志士报国之心？"开考之后，多有名门显贵给他递条送礼，但都被老先生正色谢绝。三场考罢，他又亲自主持阅卷，凡是被录取的试卷全部经过他的圈点。尽管如此，他仍怕有所疏漏，又吩咐把落榜的试卷再重新筛选一遍，直到他确认所选中式的考卷的确名副其实后，才开列黄榜呈报礼部，然后按期张榜公示。

洪武三十年二月二十七日，明朝开国后第九次科举会试放榜，这次会试共录取了宋琮等南方士子计51名。三月一日廷试，又录取以福建闽县陈䢿为第一名状元、江西吉安尹昌隆为第二名榜眼、浙江会稽刘谔为第三名探花的南方进士18名。这时落第的北方士子心中愤愤不平，纷纷上书状告刘三吾、白信蹈等考官，说他们由于自己是南方籍贯，所以在考试中偏袒南方士子，有意不录取北方考生。

北方考生的不满情绪，很快就影响到他们的亲属以及在南京地区的北方籍市民和官员。这些人员立即行动起来，有的散发传单，有的在街头巷尾张贴小报，有的聚集在贡院门前示威，还有的利用各种关系进行告状或直接向朱元璋进行密报。为了防止事态的进一步扩大，礼部一边报请锦衣卫进行弹压，一边赶写奏章向皇帝呈报此事。

朱元璋虽说是一位"马上皇帝"，但对人才却相当重视，他曾经对亲近大臣说："为天下者，譬如作大厦，非一木所成，必聚材而后成。天下非一人独理，必选贤而后治。故为国得宝，不如荐贤。"因此，在定都南京后，他立即健全科举制度，选拔出一大批优秀人才。正因为如此，他对于人才的选拔、官员的任用极为认真，尤其是在全国统考会试官员的选择方面，更是强调主考官员的人品，非廉洁奉公之人不用，坚决杜绝考场舞弊现象的发生。因为科场一旦出现弊端，将会影响被选官员的质量，同时还会影响全国读书人的情绪，对于巩固大明江山极为不利。

当朱元璋得知科场事件后十分震怒，在奏折上批示道："南人尽占黄榜，举子群情激动，着礼部官员，将试卷再阅来报。"应当说这道批示还是比较客观的，但也暗示绝不能让北方士子全部落榜。

朱元璋召来翰林院侍讲张信，命其与侍讲戴彝、右赞善王俊华、司直郎张谦等，每人复阅10份试卷，如发现其中弊端及时禀报。朱元璋的做法，让北方落榜举子欢欣鼓舞，他们聚集在礼部衙门前欢呼万岁。

张信接到主持复阅会试考卷的圣旨后，立即召集全体参加复审的官员，将皇上的意图原原本本地告诉大家，而且特别明确地指出："举子闹事，关键是北方举子感到录取不公。因此，对于北方考生的试卷要格外认真，绝不能把好的卷子漏掉。"所有复审官员都明白主审官的意思，是要尽可能地多选北方举子，只是不便明说而已。不仅如此，张信还规定，凡是参阅试卷的官员，一律不准回家，不准与外界联系，以免走漏消息。如果有人将复审情况泄露出去，立即交锦衣卫惩办。

从三月中旬张信主持审卷后，大家议论纷纷。有的说，张信唯命是从，肯定会按照朱元璋的意思，增加一些北方举子，刷掉一部分南方考生；还有的说，张信原来就与刘三吾不和，肯定会利用这次机会落井下石，设法除掉刘三吾然后自己再取而代之。但不管怎么说，对于张信的能力及工作态度大家还是肯定的。四月十二日，宫中传出圣旨，皇上要亲临奉天殿，听取主审官张信禀报复阅试卷的结果，并当众揭示新榜，着六部九卿官员一并听禀，而且特命被黜居家待参的刘三吾、白信蹈等原主试官员一同进宫听参。

四月十三日卯时初刻，司礼监将众官员领至奉天殿，朱元璋等群臣参拜完毕，便说："本科会试尽取南人，北方举子为之愤懑，朕为平息民怨不得不令张信等人复阅试卷。开科取士，乃我朝百年大计，岂容营私舞弊。但应试举子只能以文章定优劣，这又是朕取士的标准。今张信等十二人，经过近一月审卷，已将结果查明，朕欲当众揭示结论，以示公道。尔等六部九卿及刘三吾诸人，需仔细听奏，如有不明，可当殿询问，务求公平，以服天下。"朱元璋说完，将脸转向张信说："张爱卿且讲。"

张信赶忙行过大礼，然后拿起几份经过悉心点评的试卷呈送给朱元璋，接着启奏道："遵照万岁旨意，臣等此次复审，除仔细查阅前榜中式者的试卷外，还特别留意北方举子的落选试卷，方才所呈的几份试卷均是前榜落选者。臣等反复勘磨，以为文章通顺，韬略可行，实为北方举子中之佼佼者。这几名考生，也不能不算是国家的人才了。"朱元璋一边看着张信呈上来的北方举子试卷，一边示意张信继续讲下去。

但是，张信却回身又取过一沓试卷，呈送上去，而后平静地说："臣将方才的几份北方优秀试卷与前榜中式的试卷相对照，这才发现南北考生的成绩相差实在悬殊，即以前榜所取第五十名刘子信而言，其才学文章也远远高出北方举子中佼佼者。万岁方才言道，开科取士当以文章定优劣，臣等深体万岁之意，且与同审诸官共议，第一名仍按原榜选取江西泰和举子宋琮，其余中选人员皆列前榜。北人试卷仅可列为第五十二名。然取士名额有限，其他的举子不得不名落孙山了。"大家被张信的这个结论惊得目瞪口呆，但又为张信敢于实话实说感到由衷的敬佩，同时也深深地为他的命运而担忧。

朱元璋万万没有想到，张信这个小小的侍讲竟敢在六部九卿文武百官面前为刘三吾说话。他拍案大怒道："翰林院官员官官相护，由来已久，尔等审阅试卷不以公正为怀，反而互相包庇，实在有负朕意。着刑部将张信、刘三吾、白信蹈等一应考官缉拿下狱，严加拷问。张信复阅结果与事实有悖，仍然无效，令礼部将全部试卷提交大内，待朕亲自批阅以定取舍。"

洪武三十年五月，朱元璋由落卷中重新挑选出任伯安等61人，这次尽为北方士子。六月朱元璋亲赐策问，再次举行廷试，"擢韩克忠、王恕、焦胜等六十一人及第有差"。授第一名状元山东城武县韩克忠为翰林修撰，第二名榜眼王恕为编修，第三名探花焦胜为行人司副，进士陈性善为行人，陈诚为检讨。这次廷试录取之人，亦全为北方人士。因此，人们称该科会试与廷试为"春夏榜"或"南北榜"。

这次会试中并无任何舞弊和贿赂的现象发生，朱元璋何以如此痛恨该科的考官，非将他们置之死地而后快呢？

其原因很简单，就是为了借此来笼络北方人士的心。因为北方地区在元朝统治下的时间较长，朱元璋担心北方人士对新建的大明王朝怀有二心，这对巩固政权不利，便想通过科举取士来收买人心，但是刘三吾、张信等考官，却一直不能明白他的真实用意，执拗地强调"江南本多俊才"，坚持以文章定高下，终于遭此横祸。

从此，科举取士不仅要考查士子们的文才，而且还要对南、北士子录取人数的比例加以综合考虑。

第二节 顺治丁酉江南乡试科场案

清朝统治者入主中原以后，为了网罗知识分子，从顺治三年（1646）丙戌开科取士，几乎年年考试，而大大小小的科场案，也就随之接踵而来。据载，闹得最凶的，就是顺治十四年（1657）的丁酉科场案。此案牵连之广、影响之大，在历代科场案中也是罕见的。

早在顺治十年（1653）四月，顺治皇帝就曾指出科考中的乱象，行贿成风，功名成了明码标价的商品。顺治十四年正月，顺治帝在训诫会试、乡试考官的陋习时又指出，有些考官往往事先打好招呼，事后贿赂酬谢，以致举荐有失公平，官员的评价一片混乱。如果不改变这种状况，其结果将不仅是不能选拔真才，更重要的是还会丧失人心，影响政权的巩固。于是清廷不得不下定决心"痛革积弊"。

顺治十四年七月，侍讲方犹、检讨钱开宗被任命为江南乡试主考官，顺治皇帝当面告诫他们说："江南素称才薮，今遣尔等典试，当敬慎秉公。"

顺治皇帝的一次次警告确实震慑了一些考官。比如吏部考功司主事刘祚远，奉命前往陕西主持乡试，行至潼关，多人愿各自出千两黄金贿买举人。刘祚远慑于禁令，不仅不敢收取贿赂反而将他们锁拿，交由提学道审理，并奏明朝廷，请将相关人等送巡按御史从严惩办，以振法纪。但也有许多人并没有把皇帝的禁令放在心上，他们依旧我行我素，于是令人怵目惊心的顺治丁酉科场案便发生了。

首先案发的是北闱（即顺天府）。因为考官李振邺、张我朴等公开贪赃受贿，京官三品以上的子弟无一不取，但也有人花了银钱没能考上，于是就投状叫冤。顺治皇帝大怒，下旨将受贿考官等人立斩，家产籍没，父母兄弟妻子等俱流徙尚阳堡，多达108人。

顺天乡试舞弊案刚处理完不久，又有人向顺治皇帝揭发江南乡试舞弊案。

顺治十四年八月，丁酉科江南乡试。放榜之后，虽然得中的多为江南名士，但在中式的举子中也有不少是靠贿赂考官而中的。因此，两江士议哗然。落第的士子们群集在江南贡院门前抗议，认为主考官方犹、钱开宗有行贿之嫌。他们还在门上"贡院"两个大字的"贡"字中间加了一个"四"字，改成"賣（卖）"字；"院"字用纸贴去"阝"旁，变成"完"字，"贡院"就变成了"卖完"。

其时，江宁书坊中还刻了一部传奇小说《万金记》，以"方"字去一点为"万"，"钱"字去半边为"金"，万、金二字，指的就是当时的方犹、钱开宗二主考，书中极力描绘了科场中行贿通贿的情状。

顺治十四年十一月二十五日，给事中阴应节参奏江南主试方犹等弊窦多端，物议沸腾，如取中之方章钺，系少詹事方拱乾第五子，与犹联宗有素，乃乘机滋弊，冒滥贤书，请皇上立赐提究严讯。顺治帝处置"北闱"乡试科场案的怒气未消，听到这个消息，更是火上浇油，怒不可遏，立即传旨，"方犹、钱开宗并同考试官俱着革职，并中式举人方章钺，刑部差员役速拿来京，严行详审。本内所参事情及闱中一切弊窦，着郎廷佐速行严察明白，将人犯拿解刑部，方拱乾着明白回奏"。

顺治十五年（1658）二月三日，御史上官铉劾奏江南省同考官舒城县知县龚勋，出考场后被众考生欺辱，所牵涉的事情值得怀疑。考中的举人程度渊存在争议，舞弊情况非常明显，应该仔细复查以厘清其早就存在的问题。顺治皇帝闻奏，即令"着严察逮讯"。

为了鉴别案子的真伪，顺治帝同意礼部议复："应照京闱事例，亲加复试，以核真伪。"但是，这时已是二月下旬，本科会试即将举行，"直省士子云集，闱务不便久稽"。于是决定，江南新科举人，停止会试。

三月十三日，顺治皇帝在中南海瀛台，亲自主持复试该科江南中式的正副榜举子。参加复试的每个举人都身戴刑具，由护军营军士持刀监视，每两名军士看守一位举人，气氛紧张，戒备森严。其时冰雪僵冻，举子们立于丹墀之下，浑身战栗发抖。考试内容为"四书"义二篇，赋、诗各一篇，均由皇帝钦定。武进吴珂鸣三次试卷，文理独优，被选为解元。他的文章写得很出色，其中"不为朝廷不甚爱惜之官，亦不受乡党无足轻重之誉"句，一时为世人所传诵。据说，顺治皇帝对吴珂鸣大加赞赏，特赐他进士及第。

经过瀛台复试，24人被罚停会试；14人因文理不通，革去举人；只有汪溥勋等74人准许参加会试。此案的审理一直延续到十一月份。

十一月二十八日，顺治谕示指出，方犹、钱开宗没有按照他的命令选拔真的人才，反而收取贿赂，着实可恨，必须严加处置警示后人。并且，顺治非常不满刑部徇私包庇他们的行为，连带着负责审理这个案件的刑部尚书图海、白允谦等人，也因"疏忽职守"分别受到革职降级的处分。

这次江南科场案中对负责审理此案的官员尚且如此追究，对于涉案人员的处置则更加残酷。经过顺治帝的特旨，方犹、钱开宗全都被立即正法，妻子和子女被贩卖为奴，财产全部被官府收走。叶楚槐等18名同考官（除已死的卢铸鼎之外）全都被处以绞刑。方章钺、吴兆骞等8名举人，杖打40大板，没收财产，发配其父母、兄弟、妻子和子女流徙宁古塔。方章钺是因为被指控与主考官方犹是宗族关系。而吴兆骞原本是个有名的才子，虽没有审查到他有作弊的问题，但因为复试考场气氛紧张，他害怕得拿不起笔，最终仍然受到了处分。

后经徐乾学、明珠等朝中重臣倡议，朝野名流纷纷解囊捐资为赎回吴兆骞奔走。康熙二十年（1681），吴兆骞奉诏赐还，这时他在塞外已整整度过了23个春秋。他虽回到塞内，却永远未能回归哺育他的江南故土。尽管如此，他已是顺治丁酉江南科场案中最幸运的一位了。

第三节　康熙辛卯江南乡试科场案

康熙五十年（1711）辛卯科江南乡试，正主考为副都御史左必蕃，副主考为翰林院编修赵晋。九月九日榜发，解元为刘捷，苏州中式者仅13人，其余多为扬州盐商子弟，其中句容知县王曰俞所荐之吴泌、山阳县知县方名所荐之程光奎，皆文理不通之人。看见榜文，众士子群情激愤。九月二十四日，苏州生员千余人汇集在玄妙观前，他们推荐廪生丁尔戬为首，将财神像抬进府学的明伦堂内。大家争作歌谣、对联，到处张贴，用以嘲讽主考左必蕃不学无术，副主考赵晋斗胆卖官。有人嵌入这两位主考的姓氏写成一副对联："左丘明两目无珠；赵子龙一身是胆。"康熙皇帝闻知后，立派户部尚书张鹏翮会同两江（江南与江西）总督噶礼、江苏巡抚张伯行、安徽巡抚梁世勋同聚扬州审理此案。

经过严审，举人程光奎供认自己确实与副主考赵晋、山阳县知县方名交情很好，所以得以考中。举人吴泌也供认了自己行贿买通的情况，即由余继祖包揽，转托员炳过付贿银。员炳最初供认，安徽巡抚叶九思得银5000两，江防叶同知得银3000两，后来又翻供，安徽巡抚叶九思没有跟他见面，所以就改托李奇帮忙。再审李奇时，李奇供认，金子15锭，交安徽藩司马逸姿家人轩三收受。随即抓来轩三审讯，轩三却矢口否认此事。此时，一个名叫姚振中的人，向江宁县知县苏壎告发：李奇家中现藏有金子，是想故意诬赖轩三。苏壎随即带领衙役赶到李奇家中，向其妻杜氏取出金子15锭，连同告发的人一起押解到扬州交由噶礼等人审讯。

噶礼、梁世勋认为，此前李奇供称金子交与轩三，而现在却在李奇家中取出金子，肯定是想栽赃。但张伯行却认为轩三与本案的关系不能排除，因为在审讯李奇的时候，李奇曾说，从他家中取出金子，是"众人合谋，将金子诬陷于彼，以脱安抚藩司"（《江宁织造曹寅奏报江南科场案折》）。联系到乡试前风闻总督噶礼通同监临、提调揽卖举人，放榜后，哗传取中不公，左必蕃疏中有请将新中举人吴泌、程光奎提至京城复试或发督抚严讯之语，以及总督欲索银50万两，保全无事等传说，张伯行认为此案与噶礼有关，所以为轩三开脱，不肯审明，奏请将噶礼解任严审。噶礼也疏参张伯行挟嫌诬陷、监毙人命等七大罪状，并请与张伯行对质。康熙据奏将二人一同解职，令张鹏翮会同漕运总督赫寿调查此案。两江总督和江苏巡抚的署务由他人署理。

两江总督噶礼和江苏巡抚张伯行被解任的消息传至江南，噶礼的支持者连续罢市两日，并赴苏州织造衙门投递呈文，要求题请总督留任。噶礼派人将总督印信送往江西巡抚衙门，军卒和百姓竟将城门关闭，要求把印留下，让噶礼重新担任总督，并用石块和木料将噶礼居所的大门堵塞，不让他卸任出门。而江苏巡抚张伯行的支持者们则在大街上张贴歌谣，为他的施政歌功颂德，并赴有关衙门投递呈文，要求张伯行留任江苏巡抚。围绕总督和巡抚去留问题在江南地区的反响，江宁织造曹寅在给康熙皇帝的密奏中写道："兵为总督者多，秀才为巡抚者多。"

这时，负责江南科场案审理的户部尚书张鹏翮的儿子张懋诚正在担任怀宁知县，刚好是噶礼的下属官员，张鹏翮怕处理不当会影响儿子的前程，便有意袒护噶礼。他向康熙奏称：张伯行劾噶礼揽卖举人，索银50万两，事属全虚，应革职拟徒准赎。噶礼劾张伯行各项，俱系从前旧案。其中戴名世《南山集》一案，涉及方苞，由张伯行遣员料理，与事实不符，应降一级留任。吴泌等拟绞监候，秋后处决。赵晋、方名等俱革职，与他们的妻子一同发往烟瘴之地充军。左必蕃所参虽实，而取中举人革退4名，亦应革职。

康熙看过张鹏翮的奏折后认为，张鹏翮等人对噶礼、张伯行互参一案，并未审清，赵晋于考试中私受贿赂、暗通关节的问题也还没捉拿严审，绝不能如此草率结案。于是，另派户部尚书穆和伦、工部尚书张廷枢前往再审。结果仍如前议。吏部在议复此案时，又完全同意穆和伦等人的意见：张伯行革职，噶礼免议。康熙皇帝认为，张伯行一贯清廉，操守为天下第一，若依了他们的处理意见，则"是非颠倒"，复命九卿、詹事、科道以公正为原则根据事实再进行审议。九卿们领旨会议时，不再涉及两人互参内容的虚实，仅以两人"俱系封疆大臣，不思和衷协恭，互相讦参，殊玷大臣之职"为理由，请将噶礼、张伯行一并革职。至于张伯行是否留任，请康熙皇帝决定。于是，噶礼、张伯行互参一案，以噶礼革职，张伯行革职留任而告终。

康熙辛卯江南科场案，经过一年多的审讯，终于彻底查清了副主考赵晋私受贿赂、暗通关节的情况。原来，歙县贡生吴泌求余继祖贿买举人，议定银8000两。余先将黄金100两、白银2000两托安徽巡抚叶九思的门生员炳，员炳于八月一日进见叶九思，假称吴泌是其表弟，求提拔并言银数。九思说："银我不要，纳个记号来，我便中对房考（即房官）说。"第二天早上，员炳往见余继祖，在布政司书办李奇、杜功德家确定双方所要遵守的事项，并以"其实有"三字作记号，放在首场第一篇文章破题内。员炳于初七日将暗号送给叶九思，叶九思知道泾县知县陈天立是赵晋亲戚，便托陈转告赵晋，说吴泌是他的好友，求中许银500两，房官处他自会料理。入场考试后，吴泌的考卷分配在句容知县王曰俞房。二十一日，陈天立见王曰俞，假称是副主考所托，王曰俞遂将吴泌的试卷呈荐取中。

又扬州程光奎，原先就与山阳县知县方名交往，便托方名将写好的文章埋藏在考场中。这科程光奎的考卷刚好分在方名房下，方名认识程光奎的文章，便将他的试卷呈荐取中。发榜后，方名向程光奎索谢，令程代自己偿还所借商银800两。

案子审清后，鉴于当时为考官者"不遴取真才，止图贿赂，夤缘作弊者渐多"的状况，康熙谕令严处。除安徽巡抚叶九思已经病故，泾县知县陈天立畏罪自缢外，其余案中人员均依律定罪。处以副主考赵晋、同考官句容县知县王曰俞、山阳县知县方名斩立决，举人吴泌、程光奎及合谋者员炳、李奇、余继祖绞监候，秋后处决。主考副都御史左必蕃失于觉察，革职。另有同案查出请人代笔中式者徐宗轼、挟带作弊中式者席玕，也一并枷责。

定案后，赵晋便死在了狱中。当时有一种传闻说，赵晋的好友王式丹在入狱探望时用自己的仆人换出了赵晋，故而死在监狱里的不是赵晋本人。王式丹因此受到牵连，被逮捕入狱。后因赵晋"通缉多年无获"，官府觉得有可能冤枉了王式丹，才将他释放出来。

第五章 江南贡院沧桑

第一节 古时的江南贡院建筑

江南贡院位于南京城的东南隅,东接桃叶渡,南抵秦淮河,西邻状元境,北对建康路,为古代风水宝地。据《南窗纪谈》所载:建康(南京)贡院始建于南宋孝宗乾道四年(1168),由知府史正志创建,起初为县府学考试场所,占地不大,应考人数也不多。若遇考生增多时,则借用僧寺举行考试。

明洪武元年(1368),明太祖朱元璋定都南京后,集乡试、会试于南京举行。永乐十九年(1421),明成祖朱棣迁都于北京,但南京仍为留都。因江南地区人文荟萃,参考士子日益增多,原有考场便越来越显得狭小。永乐皇帝便没收犯臣纪纲的府邸,又取怀来卫指挥陈彬家人陈通、忠勇伯家人侯清等人的房舍以及府尹黄公永元祠、秦桧之子秦熺祠等改建江南贡院。后经明、清两代的不断扩建,至清光绪年间,江南贡院已拥有考试号舍20644间,另有

江南贡院牌坊

主考、监临、监试、巡察以及同考、提调执事等官员的官房千余间，加上膳食、仓库、杂役、禁卫等用房，水池、花园、桥梁、通道、岗楼等用地，规模之大、占地之广、房舍之多为全国考场之冠。

1. 大门

门，是一个建筑物的脸面。在中国传统建筑文化中，门上的雕刻装饰和色彩处理，都不同程度地反映了礼制思想及其他文化内涵。

进入江南贡院内部，要经过三道门。大门（即头门）面南偏北，正对横穿夫子庙而过的灯影桨声中的秦淮河。大门外是广场，广场两侧建有木质结构的东西辕门，飞檐斗拱筒瓦出脊，高两丈有余。辕门四柱三门，中间通人，左右两侧还设置了高约一丈的木制栅栏。贡院正中门高悬朱底黑字的"贡院"二字匾额。左额为"辟门"（广罗贤才之意），右额为"吁俊"（招呼贤人之意）。大门东西除有一对石狮之外，还有汉白玉石砌牌坊两座，额上刻有曾国藩所书"明经取士"和"为国求贤"。大门整体俨然而富有书香气韵。

大门左侧为一巨大照壁，照壁与正门之间还立有一座江南贡院标志性牌坊，构造精致，气势宏伟。进入大门，有碑亭，左曰"整齐"，右曰"严肃"。此外还建有供送考官员休息所用的官廨6间。过了官廨便是第二道大门，即仪门。仪门更为宏大，建有门厅7间，左右为耳房，开五门，中门上方悬有康熙皇帝御书"天开文运"金字大匾。东面两旁门分别题有"搏鹏"与"振鹭"，西面两门则题为"起凤"与"和鸾"。仪门两旁另建有左右卫士室各3间。

再往前便到了第三道门，即龙门。龙门的左右并列两门，盖取《尚书·虞书》中"辟四门"之义。至此，除考生外，任何人等均不得入内。

2. 明远楼

从中门向前，直通明远楼。明远楼为江南贡院的中心建筑，距今已有480多年历史，但仍保存完好，它是我国目前所保留的最古老的一座贡院考场建筑。此楼三层，底层四面为门，楼上两层四面皆窗，站在楼上可以一览贡院，是考试期间考官发号施令、执事官员警戒全场的地方。

由于明远楼地位与作用的特殊性，贡院内的建筑，甚至贡院以外一定范围内的建筑，在高度上一律不准超过它。今位于夫子庙人民游乐场内的夫子庙地区三大古建筑之一的青云楼，据载于康熙五十八年（1719）、雍正十二年（1734）皆重修，本为三层楼，因为临近贡院，故改二层楼。楼内现留有康熙年间著名戏曲家李渔所题对联一副："矩令若霜严，看多士俯伏低回，群嚚尽息；襟期同月朗，喜此地江山人物，一览无遗。"

考试期间，监临、巡察等官员登楼监视，"白天摇旗示警，夜晚举灯求援"，以防止考生骚乱作弊。开考前三天，照例有僧道在明远楼上设坛打醮三昼夜，以祈祷上界、阴间。并立祭旗，令士兵日夜更番摇旗呐喊"有恩报恩，有仇报仇"，其目的在于告诫应试考生平日里要行善禁恶，不然考场中必得报应。此外，每逢中秋佳节，监临、提调、巡察等官员还可登楼赏月，品茗行吟，凭窗眺望那名闻遐迩的秦淮灯火。

3. 至公堂

穿过明远楼，上达至公堂，此堂为监临、提调、收掌、受卷等外帘官员聚会、办公之地。至公堂前建有回廊，并设置木栅环绕，以禁止闲杂人等过往。至公堂正上方悬挂康熙皇帝御书"旁求俊乂"朱红金字大匾。匾上的"乂"字指贤才，取自《尚书·皋陶谟》中"俊乂在官，百僚师师，百工惟时"。康熙皇帝书写此匾的用意，就是想通过科举和其他方法选拔、寻求德才兼备，能够治国安民的贤达之士。堂的两楹立柱上另悬有明初名臣杨士奇所题楹联一副，上联是"号列东西，两道文光齐射斗"，下联则为"帘分内外，一毫关节不通风"。从此联内容不难看出，当年考场制度非常严明。

至公堂的东西两侧分别建有监临、提调、监试、巡察等各堂，以及他们各自食宿起居的院落。经过至公堂，再往后行便是戒慎堂。戒慎堂为放榜前内外帘官员集中抄录榜文的地方。在戒慎堂的左右同样建有大量厅堂、房舍和院落，它们是供收掌、受卷、誊录、对读、弥封、分卷、巡捕、理事等职司人员住宿办公的场所。戒慎堂的后檐墙上开有一门，称为外帘门，所有外帘官员、职司到此止步。

4. 飞虹桥

帘门外横有一条宽10余米的清水池，池水将江南贡院拦腰分作两段。池上架有一座石桥，即飞虹桥。飞虹桥宽6米，长约15米，用巨石筑成。在两侧的桥栏护板之上，以高浮雕的手法刻出象征"一路连科""青云直上"的吉祥纹饰，其构图之美、刻工之精让人称绝。此桥虽经历了500余年的风风雨雨，但至今仍保存完好。

飞虹桥在科举时代有着非常重要的作用，它是江南贡院内外帘的分界点。为防止外帘官员（监考官员）与内帘官员（阅卷官员）相互勾结舞弊，贡院立有规定，考试期间任何人员不得逾越飞虹桥半步。不仅如此，即使是熟人隔桥打声招呼也不允许。正如至公堂内楹联所称，"帘分内外，一毫关节不通风"。当时有一句俗语："卷子过了飞虹桥，举人一半拿到手。"意思是说，如果某人的乡试考卷经过外帘官员的誊录、对读、初选、分卷、弥封之后送过飞虹桥，交到内帘官员的手里，那么，他就已经有了一半被录取的希望。

越过飞虹桥，就是内帘门。门内为苑囿，这里奇花异木、鸟语花香，别是一番景致。穿过花园又有衡鉴堂，是主考、典试们阅卷的地方。衡鉴堂的后面便是主司们起居食宿的处所。

为防止考场内外串联作弊，江南贡院的外面建有两道高墙，两墙之间留有3.33米多宽间距，形成一圈环绕贡院的通道。围墙的四角又建有4座6.66米多高的岗楼，围墙的外面也留有一圈空地，严禁百姓靠近和搭建，这就是著名的贡院街。不仅如此，在乡试期间，贡院围墙的内外还布满了兵丁，可谓戒备森严。又因在贡院内外两层围墙的顶端布满了荆棘，所以贡院又称作"棘闱"。

5. 号舍

在江南贡院这座"科举城"中，占地最广、建筑最多的还要算号舍。号舍处于龙门与至公堂之间及明远楼的两侧，为昔日考生们白天考试、夜晚住宿的场所。

号舍以《千字文》编列，除帝皇圣人名讳、数目文字和凶煞诸字不能使用外，其余皆可列号。此外还设有贡院水源的入口。号区中，每号的外墙高2.67米，号门高2米、宽1米。每一字号里面的号舍，多的近百间，少的也有五六十间，称为"号巷"。号巷门口设水缸和号灯，可供考生白天饮水、夜间行路之用。号舍屋顶盖瓦，每间隔一砖墙，不装号门，一律南向排列。举子按号入座，自备油布充作门帘，以防风雨。

考试期间伙食自备，每号对面的墙壁上留有小龛，可以放置小炉以热茶水。因为乡试时间较长，加上天气闷热，自带的饭菜很快就会霉变，所以考生一般都只带干粮充饥。每间号舍高2米、深1.33米、宽1米，号舍内左右两壁的砖墙上，在离地0.33—0.66米之间砌有上、下两道砖托，以便在上面放置上、下层木板。白天考试，上层木板代替桌案，下层木板为坐凳；夜晚休息，取出上层木板并入下层，便可作床安眠。

每闱三场，每场三昼夜，共九天六夜，考生食宿作文均要在这鸽笼一般大小的号舍中进行，其艰苦是可想而知的。不仅如此，因为乡试时间为农历的八月，这时正值南京"秋老虎"横行之际，蚊虫猖狂肆虐，气候闷热异常。放置于号巷尾部的粪桶经暑气一蒸，粪便发酵，沼气弥漫，腥臭之气令人窒息。因此，考生进入贡院后，都想选择中间的号舍，这样一来可以免于巷口的风雨日晒，二来又可以远避巷尾的腥臭。

尽管明清时期每位考生都有规定的号座,但到了清代后期,这一规定便很少有人遵循,所以抢号也就成为考生考前的头等大事。清末的抢号方法是:陪送考生的家属先将竹制的空考篮放置于贡院大门之外,等到龙门一开,立即快步赶入院内,将考篮置于号舍案头,此号也就成为己有,而无考篮的举子便不得侵占。据说有一年,一位才华横溢、文采超群的考生因为没有抢到理想的号座,只得就坐于巷尾的"粪号"。几天下来,他被屎桶熏得头晕眼花,根本无法进行考试。三场过后,不但没有考中,还生了一场大病,险些丢了性命。不过,这还算是好的。据史料记载,有的考生因考不出来或忍受不了考场的煎熬,甚至用烛签自刺身亡或悬梁自尽。

当历史的车轮行进到清光绪二十九年(1903)的时候,清朝统治已是内忧外患、风雨飘摇。清政府急需发展新式学校,培养新兴人才,学习西方先进的科学技术和思想,而以八股取士的僵化科举制度,已不适应时代发展的新需求。最终,科举制度被废除,培育、选拔人才开始转向学校一途。

第二节 沉睡的江南贡院

时任湖广总督的张之洞上了一份奏折,说:"科举一日不废,即学校一日不能兴,士子永远无实在之学问,国家永无救时之人才,中国永远不能富强,即永远不能争衡各国。"

  这一年八月,江南贡院举办了中国科举史上的最后一次江南考试。此次乡试的主考官是内阁大学士杨佩璋,副主考官是外务部左丞绍昌。因为清政府已于前一年,即光绪二十八年(1902)废除八股,改用策论取士,所以此次的考题为《汉武帝时征吏民有明当世之务,习先圣之术者,县次续食,令与计偕论》《张九龄上千秋金鉴录论》《谢安登冶城悠然遐想有高世之志论》《识时务者在乎俊杰论》《明太祖诏商税毋定额论》。参加乡试的江苏、安徽考生达2万人,该科的解元为江苏靖江人陈康祖。光绪三十一年八月初四(1905年9月2日),

慈禧像

慈禧太后根据张之洞、刘坤一等人的建议，下诏停止科举，其诏曰：

"方今时局多艰，储才为急，朝廷以提倡科学为急务，屡降明谕，饬令各督抚广设学堂，将俾全国之人咸趋实学，以备任使，用意至为深厚。前因管学大臣等议奏，已准将乡会试分三科递减。兹据该督等奏称，科举不停，民间相率观望，推广学堂必先停科举等语，所陈不为无见。著即自丙午（光绪三十二年，1906年）科为始，所有乡会试一律停止；各省岁科考试亦即停止。其以前之举、贡、生员，分别量予出路，及其余各条，均著照所请办理。"

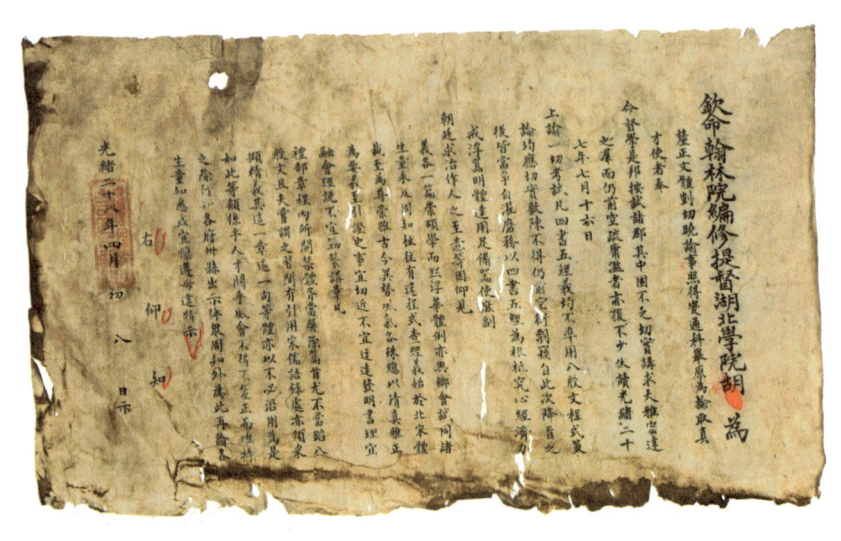

清代湖北学政发布改革科举废八股文告示

这封诏书结束了中国长达 1300 多年的科举制度，同时也使得这座有着 800 多年历史的江南贡院失去了它原有的价值与作用。这座中国历史上规模最大、影响最广的科举考场自此关闭，陷入了百年的沉睡，再也没有如云的考生踏入其中。

第三节　南京中国科举博物馆的建设

虽然江南贡院因科举制度的废止而陷入了沉睡，但它的历史价值并没有因此磨灭。经过人们的不懈努力，尘封已久的江南贡院重焕新生，蜕变为南京中国科举博物馆。

自 1978 年改革开放以来，国家对文物保护工作越来越重视。1982 年 3 月 25 日，江南贡院碑刻被江苏省人民政府确定为省级文物保护单位，明远楼则被南京市人民政府确定为市级文物保护单位。

1988 年，在国内外专家、学者以及有关人员的呼吁下，在各级政府及有关部门的关心和支持下，南京市中医院划出包括明远楼、贡院碑刻在内的原江南贡院遗址中 110 平方米的面积，由市区政府投资近 200 万元，筹建了我国唯一的以反映中国科举制度为主要内容的专业性博物馆。1989 年 10 月 1 日，江南贡院历史陈列馆正式建成开放。2002 年 10 月 22 日，江南贡院整体被江苏省人民政府确定为省级重点文物保护单位。

2012 年，南京市、区两级政府采纳人大、政协代表委员的建议，决定利用江南贡院遗址建设南京中国科举博物馆。经过5年的建设布展及科举文物征集，一座集科举文化展示中心、科举文物保护中心及中国科举制度研究中心于一体，海内外最具代表性的科举专业博物馆，于2017年春节正式开馆。

南京中国科举博物馆是在江南贡院遗址上建成的博物馆，也是全国最大的反映科举制度的专题性博物馆。博物馆一期占地面积27000多平方米，分为地上、地下两大部分。地下部分有5个展区，33个展厅，分别介绍科举制度发展过程、古代学子考试历程、金榜题名的社会影响、

南京中国科举博物馆

江南贡院与南京城市文化关系、科举文化对近现代考试以及东亚和西方文官制度形成的影响。地上部分仍保存有明代文物明远楼、飞虹桥、魁星阁以及25块记载着历代江南贡院重大事件的贡院碑刻。两部分展览互为补充,构成一体,使观众在参观体验中,如同翻阅一部生动而完整的科举文化史。

博物馆主体设计像一只宝匣,整体沉入20多米深的地下,整个建筑就像是一只尘封百年、内藏千年科举文化的宝盒。宝匣顶部是一片方形水池镜面,明远楼倒映其中,水池镜面约1300平方米,象征着以史为鉴、公平公正的1300年的科举制度;宝匣的底部,是一个方形水池环绕的开放庭院,晴天有日影移动,雨季有水滴涟漪。宝匣的核心是12米通高的魁星堂,以"祈拜魁星""贡院应试""金榜题名""衣锦还乡"4段白描动漫画面揭示古代考生的心愿。

观众经过方形水池后,从坡道向下,来到

南京中国科举博物馆竹简墙

位于地下的博物馆主体——科举文化展示、体验区。环绕而下的坡道130米,再次寓意科举制度1300年的历史。坡道一边是竹简堆砌的宝盒,另一边是黛瓦垒筑的墙面。这是士子们读万卷书、行万里路的写照。古朴素雅的黛瓦,犹如片片鱼鳞,体现了鱼跃龙门[20]的终极理想。观众在漫步中,逐渐远离市井的喧嚣,洗涤心中的浮躁,开始体验当年科举路途的艰辛。

博物馆主体在陈列布局上,以科举制度创立、完备、改革、鼎盛至废止的历程为叙事线索,以文物传达历史信息,以场景表达时代情境,辅以数字多媒体技术和参与性体验活动,让游客萌生一种身临其境的深刻感受。

金榜题名展区,将"传胪大典"的动态画面投影在一

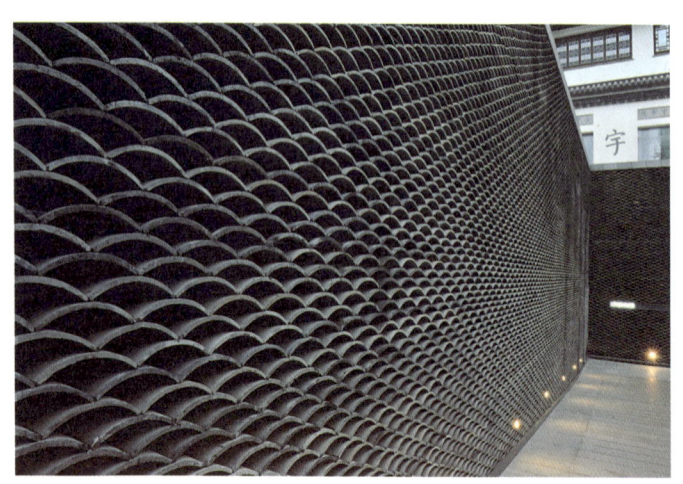

南京中国科举博物馆瓦片墙

幅艺术画卷上，明代宫廷画师仇英所绘《观榜图》细腻生动地描绘了人们争相观榜的场景。基于画作还设置了互动体验，观众可以查询"百家姓"科举人物，感受揭榜的氛围、金榜题名的荣耀；金陵佳话展区，将"十里秦淮"纳入展厅，模拟问渠茶馆、棋峰试馆、江南贡院、书院、河厅河房等日常生活场景，引导观众体验考生角色，感悟科举制是如何塑造南京的人文景观；源远流长展区通过对日本、韩国、越南、英国、美国、法国科举文献与文物的展示及海外人士对科举的评价，让观众了解科举对世界及现代的影响。

2018年，南京中国科举博物馆的常设展览"文明的阶梯——科举文化专题展"被评选为"全国博物馆十大陈列展览精品"第二名。

科举制度是影响中国社会文化至深的制度之一，而南京中国科举博物馆将千年科举历史尽收其中，向观众生动展示科举制度的前世今生，也引领观众重新思考科举制度的现代价值。

结　语

　　自隋代开科考试以来，延续了1300多年的科举选官制度，不仅惠及华夏，促进了文化教育的繁荣，亦远播海外，为西方国家所效仿。江南贡院作为明清时期江苏、安徽地区的乡试考场是这一制度的见证，通过了解江南贡院的历史，可管窥中国科举制度之一斑。

　　根据南京中国科举博物馆馆藏的《江宁重修贡院记碑》和《金陵贡院遗迹碑记》两通碑刻的记载，从明景泰五年（1454）移建，到民国七年（1918）废毁，江南贡院前后在此存续了近500年，历史悠久，遗存丰富。从1990年专家学者呼吁在江南贡院遗址区建立科举博物馆，到2017年1月28日博物馆对外开放，南京中国科举博物馆筹划营建了近30年，匠心营造，展陈精美。开馆后的3年时间里，南京中国科举博物馆接待了近500万观众，举办了10多场学术会议，开展了近百场讲座，活动多样，广受好评。

南京中国科举博物馆通过展陈实物资料，反映古之科举制度的面貌，引起了社会各界人士对科举制、科举学的关注。"号舍遗址"生动地再现了江南乡试的考场环境、赴试秀才的食住情况，让人感受到了科考士子"三场考试磨成鬼"的艰辛与酸楚；"庄瑶殿试卷"直观地展现了殿试考试的内容要求、科举八股文的体例形式，让人感叹登科进士的锦绣文章和玲珑巧心；"清代江南乡试士子入闱简明规约十二条"形象地展示了考试制度的规范、考场纪律的严明，让人感触公平竞争的廉政文化，以及唯才是举的文化强国之策……

　　实物的展陈不仅仅是为了叙述历史，还因为其背后的文化价值观、精神内涵与每个人息息相关，以此展陈，以期博物馆观众能获得情感上的共鸣。值此南京中国科举博物馆开馆6周年之际，选取其中有代表性者，汇集成册，对科举制度、江南乡试、江南贡院等历史加以叙述，供有兴趣之人品读。其中若有疏漏之处，还望方家不吝指正。

附 录：科举名词释义

1. "九品官人法"制度：又称"九品中正制"，是魏晋南北朝时期重要的选官制度。

2. 秀才、明经、进士、明法、明书、明算六科：这些都是科举考试的科目，其中秀才科为尤异之科，录取者甚少，高宗时即废；明法、明书、明算考选专业人才，"虽常行，但不见贵"，故明经、进士成为常科主要应试科目。

3. 试帖诗：中国封建时代的一种诗体，常用于科举考试，也叫"赋得体"，以题前常冠以"赋得"二字得名。源于唐代，多为五言六韵或八韵排律。

4. 学政：全称"提督学政"，亦称"督学使者"，俗称"学台"。清代地方文化教育行政官。

5. 监临：官名。又称"监临官"。科举考试中乡试之监考官。总摄考场事务，除主考、同考官外，考场办事人员均归其委派、监督。

6. 内帘官、外帘官：科举时代，乡试会试时的考官，分内帘官与外帘官。在外提调、监试等谓之外帘官；在内主考、同考谓之内帘官。

7. 主考：主考官。属临时性的官员。明清实行科举制，各省乡试，由皇帝选派考官，前往主持考试，称主考，或主考官。一般由进士出身的官员担任，助理阅卷人称同考官。

8. 房官：科举时代，乡会试同考官称房官。应试的卷子，例由房官分阅，择优荐给主考官，由主考官再定弃取。

9. 提调：明清科举考试中的特设之官，又称"提调官"。乡试中又分内提调、外提调，分别管理阅卷事和考试事。

10. 监试：官名。又称"监试官"。明清科举考试中特设之官。分为外监试，掌纠察考场事，属外帘官；内监试，掌纠察阅卷事，属内帘官。

11. 收掌：官名。又称"收掌官"。明清科举考试中特设之官。负责把试卷分配给各房房官。分为内收掌、外收掌，分属内、外帘官。

12. 受卷：官名。又称"受卷官"。明清科举考试中特设之官，属外帘官。掌士子考卷之检查收发。

13. 弥封：官名。又称"弥封官"。明清科举考试中特设之官，属外帘官。负责考试后士子试卷的糊名、编号、用印，然后送考官评阅，以防止阅卷中之舞弊。

14. 誊录：官名。明清科举考试中特设之官，属外帘官。凡乡会试后，均选书吏将试卷另誊他纸，再送考官评阅，以防舞弊。且选官监督誊写，称誊录官，简称"誊录"。其充当誊写之书吏亦称"誊录"。

15. 对读：官名。又称"对读官"。科举考试中特设之官。凡士子试卷须经誊录副本交考官阅读，为防止誊写错误，特设对读所，将副本与原本校订。明清时选文理明通之生员校订，并设官管理，是为对读官，属考场之外帘官，简称"对读"。

16. 给事中：官名，始于秦代。明清时期有监察六部诸司等职责，有时在乡试充任考试官。

17. 道员：明清地方各道主官统称。亦称"道台""观察"。

18. 知贡举：官名。科举考试中特设之官。清朝为会试之监考官，由礼部侍郎充任。总摄考场事务，不负阅卷取士之责。

19. 入帘宴：科举考试时阅卷官进入试院履职谓之"入帘"。

20. 鱼跃龙门：在中国古代神话传说中，黄河鲤鱼跳过龙门，就会变化成龙。比喻事业成功或地位高升。

后　记

　　自民国七年（1918）废贡院辟市场，夫子庙一带商气蕃昌而文气式微。为重拾江南红袖书卷、天下文枢的历史记忆，以及保护江南贡院及其相关的历史遗存，南京市政府营建了南京中国科举博物馆。博物馆于 2019 年初便筹划在整合现有资料的基础上，编撰《江南贡院》一书，供大家翻阅，从而更好地将科举文化、贡院故事、士子情怀传达给观众。

　　值此之际，首先，感谢南京江南贡院历史文化陈列馆原馆长周道祥先生，在此书编撰前期提供了翔实丰富的资料；其次，感谢馆里研究集藏部林倩倩、沈纯青、李曼、宋璐、封志刚、盛翙宸、王凡等同事们，在此书编辑与出版的过程中尽心尽责、力求完美；最后，感谢诸方家对我馆此书编撰工作提出了宝贵的意见与建议。

　　此外，还要感谢南京夫子庙文化旅游集团副总经理殷盛等人的牵线，他们的帮助让此本小书得以正式出版。

各位对南京中国科举博物馆工作的肯定、指点与建议，都将化作我们进步的不竭动力。千年科举，文脉流传，在强调文化强国的今天，相信在大家的努力下，科举文化将大放异彩。